Syxtus Gaal

Automatisierte Erstellung neuer Sprachkorpora: Ein Beispiel anhand des Lëtzebuergeschen

Bachelor + Master
Publishing

Gaal, Syxtus: Automatisierte Erstellung neuer Sprachkorpora: Ein Beispiel anhand des Lëtzebuergeschen, Hamburg, Diplomica Verlag GmbH 2012
Originaltitel der Studienarbeit: Automatische phonetische Annotation - ein HMM-basierter Aligner für das Lëtzebuergesche

ISBN: 978-3-86341-142-8
Druck: Bachelor + Master Publishing, ein Imprint der Diplomica® Verlag GmbH, Hamburg, 2012
Zugl. Universität Stuttgart, Stuttgart, Deutschland, Studienarbeit, 2008

Bibliografische Information der Deutschen Nationalbibliothek:
Die Deutsche Nationalbibliothek verzeichnet diese Publikation in der Deutschen Nationalbibliografie;
detaillierte bibliografische Daten sind im Internet über http://dnb.d-nb.de abrufbar.

Die digitale Ausgabe (eBook-Ausgabe) dieses Titels trägt die ISBN 978-3-86341-642-3 und kann über den Handel oder den Verlag bezogen werden.

Hiermit erkläre ich, dass ich die vorliegende Arbeit selbständig verfasst habe und dabei keine andere als die angegebene Literatur verwendet habe.

Alle Zitate und sinngemäßen Entlehnungen sind als solche unter genauer Angabe der Quelle gekennzeichnet.

_____

Danksagung

Es sind die Ideen mehrerer Personen, die diese Arbeit mitgeprägt haben. Peter Gilles führte mich in die lëtzebuergesche Phonetik ein, betreute fachlich diese Arbeit sowie stellte eine Sammlung wertvoller Sprachaufnahmen bereit. Stefan Rapp und Antje Schweizer stellten das Programm zur Verfügung, auf dem diese Arbeit aufbaut und opferten hilfsbereit ihre Zeit, um mich darin einzuarbeiten. Wolfgang Wokurek hat einen sinnvollen Skopus dieses Projekts definiert. Die Korrekturen von Nils Herda trugen zu einer klaren Strukturierung, sowie einer hohen Qualität des Textes bei. Okko Buss ist Autor des Transkriptionsprogramms, das ich während der Korpuserstellung verwendet habe. Wojciech Przystas machte mich bereits beim ersten Entwurf auf potentielle Fehlerquellen aufmerksam und erteilte wertvolle LATEX-Tipps. Diese Arbeit verwendet z.T. seine LATEX-Codefragmente.

Bei allen diesen Personen möchte ich mich zutiefst bedanken.

Inhaltsverzeichnis

1 Einleitung

1.1 Motivation

Die Spracherkennungstechnologie hat sich in den letzten Jahrzehnten stetig entwickelt. Der Umfang des erkannten Wortschatzes, die Zuverlässigkeit sowie die Zugänglichkeit der Spracherkennungssysteme ist konstant gestiegen. Diese Technologie, die es dem Menschen ermöglicht, Sprache als Eingabemedium zu benutzen, ist inzwischen allgegenwärtig - sie ist Teil der meisten gängigen Betriebssysteme und eingebaut in viele Mobiltelefone. Spracherkennung ist sehr populär als Teil von Dialogsystemen - Applikationen, die dem Benutzer die Ein- und Ausgabe von Daten über das Telefon erlauben. Sprachdialogsysteme werden eingesetzt, um Hotlines zu entlasten und dem Kunden einen zügigeren, besser erreichbaren Service zu bieten.

Die Forschung sowie die steigende Rechenleistung waren die wichtigsten Faktoren, die zu dieser Entwicklung beigetragen haben. Sie haben es ermöglicht, immer zuverlässigere Erkenner zu bauen, die immer mehr Trainingsdaten bearbeiten konnten. Dank Sprachdatensammlungen (auch Korpora genannt) die nicht nur eine, sondern eine Vielfalt von Alters-, Geschlechts, und Dialektgruppen repräsentieren, können robuste und flexible Spracherkennungssysteme entwickelt werden. Sie sind immer weniger von den Eigenschaften des Sprechers bzw. seiner akustischen Umgebung abhängig.

Diese Entwicklung verlief jedoch nicht für alle Sprachen gleichmäßig. Obwohl die Forschung die Technologie vorantrieb, waren die Sprachkorpora für nur wenige, große Sprachen verfügbar. Dies hat sich mit der Zeit teilweise ausgeglichen, so dass Daten auch für kleinere Sprechergruppen vorhanden sind. Die Suche im Katalog des Linguistic Data Consortium [Lin07] zeigt eine Sammlung unterschiedlicher Korpora für 62 Sprachen. Die Verteilung ist jedoch ungleichmäßig - für Deutsch und Französisch sind in der Sammlung jeweils sechs und vier Korpora von Telefonaufnahmen vorhanden. Bei kleineren ist das nicht mehr der Fall. Für Ungarisch wurde bei dem LDC ein Korpus angeboten, für Niederländisch keins.

Luxemburgisch ist dagegen eine der Sprachen, für die noch keine Korpora existieren. Eine Sammlung von Telefongesprächen wurde in Luxemburg im Rahmen des SpeechDat-Projekts [Dra97] aufgenommen. Sie enthält jedoch lediglich deutschsprachige Aufnahmen.

Die Erstellung von phonetisch annotierten Sprachkorpora ist aufwendig und kann viel manuelle Nacharbeitung erfordern. Erfahrungswerte zeigen, dass der Aufwand für die Annotation den Aufwand für die Aufnahme um das mehrfache übersteigt. Nach Gillis [GDG06] kann das Verhältnis von Annotationszeit zur Aufnahmezeit von 35:1 bis zu 60:1 betragen. Demnach kann die Bearbeitung von einer Minute eines Audiosignals bis zu einer Stunde dauern. [1]

1.2 Aufgabenstellung

Die Aufgabe ist es, einen Aligner zu entwickeln, der die Zeit und Kosten für die Entwicklung eines Sprachkorpuses des Luxemburgischen drastisch reduzieren soll. Der Aligner ist ein Werkzeug, das eine Sprachaufnahme sowie eine dazugehörige phonetische Transkription verwendet, um die vorgegebenen

---

[1] Gillis nennt aber nur die Schätzungen für eine breite phonetische Annotation; für die enge Transkription ist dieser Aufwand noch größer.

Sprachlaute, die Phoneme, auf der Zeitachse zu 'alignieren'. Das Alignieren ist ein Prozess, in dem die vorgegebene phonetische Transkription mit Zeitstempeln für den Anfang und das Ende eines jeden Phonems versehen wird. Der Aligner akzeptiert als Eingabe eine Sprachaufnahme, die dazugehörige orthographische Transkription sowie ein Aussprachelexikon mit dem verwendeten Wortschatz. Als Ausgabe liefert er eine Datei, die eine mit Zeitstempeln versehene phonetische Transkription der Äußerung enthält. Diese Transkription kann danach manuell geprüft, und, falls die Alignierung fehlerfrei verlaufen ist, als eine Komponente eines Spracherkennungs- oder Synthesesystems genutzt werden.

Die Aufgabe stellt somit eine Variante des "Henne-Ei-Problems" dar. Um einen Aligner für das Luxemburgische zu entwickeln, sind phonetisch annotierte und alignierte Sprachdaten erforderlich. Andererseits wird für die Erstellung solcher Sprachdaten ein Aligner benötigt. Das manuelle Alignieren der Trainigsdaten ist möglich, jedoch im Zeitrahmen dieser Arbeit nicht realisierbar.

Um ein Aligner zu entwickeln, der die Aufnahmen unterschiedlicher Sprecher analysieren kann, sind Trainigsdaten aus unterschiedlicher Sprechergruppen notwendig. Hierfür wird das Gilles-Korpus [Gil99] sowie aus dem 6000-Mots-Korpus [ele07] eingesetzt. Da es sich hierbei um reine Sprachaufnahmen handelt, werden diese zuerst manuell phonetisch annotiert. Die Annotierung erfolgt gleichzeitig im deutschen und luxemburgischen Lautsystem [Wel95]. Danach folgt eine automatische Alignierung mit dem deutschen Aligner, der von Stefan Rapp [Rap95] am Institut für Maschinelle Sprachverarbeitung der Universität Stuttgart entwickelt wurde. Die deutschen Phonemmodelle werden um die für das Luxemburgische typischen Sprachphänomene (siehe Abschnitt 2.7) ergänzt und in den Aligner integriert. Der deutsche und der uxemburgische Aligner werden auf einem Testdatensatz evaluiert und die Testergebnisse automatisch ausgewertet.

Ziel dieser Arbeit ist es einen Aligner zu entwickeln, der produktiv für die Entwicklung eines lëtzebuergeschen Korpus eingesetzt werden kann. Das neue Programm soll die Alignierung mindestens so präzise durchführen wie die deutsche Version. Die Evaluierung soll feststellen, inwiefern das gelungen ist.

2 Lëtzebuergesch

2.1 Geschichte Luxemburgs

Die geographische Lage Luxemburgs sowie die turbulente Geschichte haben die linguistische Entwicklung der Region stark beinflusst. [Gil99, S. 3-5] enthält eine Zusammenfassung der wichtigsten Ereignisse in der Geschichte des Landes. Die Tatsache, dass Luxemburg an der Grenze des romanischen und Germanischen Kulturraumes liegt, trug zu der Mehrsprachigkeit der Bewohner sowie der Vielzahl der Dialekte bei. Die ersten Anzeichen einer kulturellen Dualität stammen bereits von 1340, als Johann der Blinde (de blanne Jhang), Herrscher Luxemburgs, das Land zum ersten Mal in das *quartier wallon* und das *quartier allemand* teilte. Bisher ist es jedoch umstritten, ob diese Aufteilung administrative oder linguistische Gründe hatte.

Die größten politischen Änderungen, die die moderne Sprachentwicklung maßgeblich beeinflusst haben, fanden in der 1. Hälfte des 19. Jahrhunderts statt. Infolge des Wiener Kongresses von 1815 musste das Land den östlichen Teil der deutschsprachigen Gebiete an Preußen abgeben. Eine weitere Teilung folgte 1839; als Konsequenz des damals unterschriebenen Londoner Vertrags hat Belgien den nahezu gesamten französischsprachigen Teil Luxemburgs annektiert. Die heutigen politischen Grenzen des Landes haben sich seit der 1839 nicht mehr verändert. Dieses Jahr markiert auch die Gründung des Nationalstaates und das Erlangen der Unabhängigkeit. Man muss dabei sagen, dass das heutige Gebiet des Landes nahezu ausschließlich aus historisch germanophonen Regionen besteht. Die Tatsache, dass das Land an einer bi- bzw. trilingualen Tradition festhält, kann man jedoch sozial-psychologisch erklären. Die Verschmelzung der Kulturen ist ein Teil der luxemburgischen Geschichte und ein wichtiger Aspekt der nationalen Identität.

2.2 Luxemburgisch

Nach [Gil99, S. 7,8] ist das Lëtzebuergesche (Luxemburgische) aus dem Westmoselfränkischen entstanden. Es kommt aus der westfränkischer Bucht hervor - einer Region, die durch die fränkischen Expansionsbewegungen bis ins Pariser Becken gekennzeichneten wurde. Eine umfassende Analyse zu dem Thema ist u.a. in [Bru53] zu finden.

Heutzutage stehen Deutsch, Französisch und Lëtzebuergesch in einem triglossischen Verhältnis zueinander. Lëtzebuergesch ist dabei die Muttersprache; sie wird als erste gelernt und am häufigsten verwendet. Die Verwendung beschränkt sich nicht auf die Gespräche im Alltag, sondern ist in den Medien und in der Politik präsent. Die beiden weiteren Sprachen werden erst in der Schule gelernt und werden als Fremdsprachen wahrgenommen.

In der schriftlichen Domäne kommen alle drei Sprachen vor. Das Lëtzebuergesche wird hauptsächlich im privaten und halböffentlichen Kontext verwendet. In den anderen Bereichen kommen alle drei Sprachen vor, wobei der lëtzebuergesche Anteil in der Literatur konstant steigt. Die Tageszeitungen sind zwei- oder dreisprachig. Die Texte des öffentlichen Bereichs werden entweder auf Deutsch oder Französisch verfasst. Für Gesetzestexte wird aus historischen Gründen Französisch verwendet.

Nach [Gil99, S. 9] ist Luxemburg, was den mündlichen Sprachgebrauch angeht, strikt einsprachig. Ein domänengebundener Wechsel in das Deutsche oder das Französische findet nicht statt. Diese Tatsache trifft unabhängig von Bevölkerungsschicht und Altersstufe der Sprecher zu. Das *Code Switching*[2], das integraler Bestandteil der mehrsprachigen Gesellschaft in der Schweiz und in Belgien ist, findet in Luxemburg nicht statt.

Die Sprache wurde in die Norm 639 der International Organization for Standardization aufgenommen, die zwei- bzw. dreistellige Sprachenkürzel für den Einsatz in der Datenverarbeitung definiert. Die offizielle ISO-639-1-Abkürzung für Lëtzebuergsch ist lb. In dem Standard ISO-639-2 [Int98] wurde diese Bezeichnung auf ltz erweitert. In dieser Arbeit wird jedoch die Locale-Bezeichnung lb-LU (Luxemburgisch, gesprochen in Luxemburg) verwendet, da sich diese Notation in kommerziellen Spracherkennern durchgesetzt hat.

---

[2]Code Switching (auch: Sprachwechsel, Kodewechsel) – Das Metzler-Lexikon Sprache [Glü05] definiert es als *"Wechsel zwischen zwei Sprachen oder Dialekten innerhalb einer Äußerung oder eines Dialogs bei bilingualen Sprechern/Schreibern, meist durch Kontextfaktoren bedingt"*.

2.3 Dialekte

Das Moselfränkische wird in Luxemburg, Teilen von Deutschland sowie kleinen Gebieten in Belgien und Frankreich gesprochen. Es ist jedoch nicht homogen und kann in mehrere Varietäten kategorisiert werden. [Gil99, S. 50] listet neun Varietäten auf, die in 16 Regionen zu finden sind, drei davon in Luxemburg.

Eine grobe Aufteilung der Luxemburger Dialekte befindet sich in [Gil99, S. 63]. Demnach kann das Luxemburgische entlang der geographischen Regionen in vier Dialektgruppen unterteilt werden:

- **Zentrum** (Luxemburg-Stadt und Alzettetal)

- **Süden** (rund um Esch-sur-Alzette)

- **Norden** (Ösling)

- **Osten** (das Gebiet zwischen Grewenmacher und Vianden entlang der östlichen Staatsgrenze)

2.4 Koiné

Der Begriff 'Koiné' stammt ursprünglich aus dem Griechischen und wird verwendet, um eine Sprache zu beschreiben, die aus einer Mischung unterschiedlicher Dialekte entstanden ist [Gil99, S. 14]. Die *Koinéisierung* ist das Verschmelzen von Dialekten zu einer überregionalen Sprachvarietät. Das klassische Griechisch ist vermutlich durch das Auftreten dieses Prozesses entstanden.

Dieser Begriff wird auch als Bezeichnung der überregionalen Varietät des Luxemburgischen verwendet. Es gibt unterschiedliche Meinungen, wie die luxemburgische Koiné entstanden ist. Man nimmt an, das sie entweder als eine diatopische Verallgemeinerung, oder als Produkt der Koinéisierung zu betrachten ist. Für eine ausführliche Diskussion wird auf [Gil99, S. 12-22] verwiesen.

Es herrscht jedoch relative Einigkeit darüber, dass die Koiné am häufigsten im Zentrum und im Süden des Landes gesprochen wird und sich eher von da aus auf die restlichen Länderteile ausgebreitet hat. Da sie als die allgemeine und universal verständliche Form des Luxemburgischen gilt, wird sich diese Arbeit auf der Phonetik dieser Dialektvarietät fokussieren.

2.5 Phonetik der luxemburgischen Koiné

Die unten aufgeführte Klassifizierung der luxemburgischen Phonetik basiert auf den Untersuchungen von Peter Gilles ([Gil99, S. 75], [Gil06]). Eine detaillierte Darstellung ist wichtig, um einen Vergleich mit dem deutschen Lautsystem, auf dem der Aligner basiert, zu ermöglichen. Auf die Unterschiede zwischen den beiden Systemen wird in Abschnitt 2.7 näher eingegangen.

Die folgenden Paaren stellen einen Diphtong sowie dessen freie Variante dar:

- ei - ɔi

- ou - ɔu

- æ·i - a·i

Tabelle 1: Konsonanten im Lëtzebuergeschen nach [Gil07]

	plosiv	nasal	frikativ	approximant	lateral approx.
bilabial	p b	m			
labiodental			f v	w	
dental					
aleveolar	t d	n	s z		l
postalveolar			ʃ ʒ		
retroflex					
präpalatal			ç ʑ	j	
velar	k g	ŋ	x ɣ		
uvular			ʀ		
pharyngal					
glottal	ʔ		h		

Tabelle 2: Vokale im Lëtzebuergeschen nach [Gil06]

vorn		zentral	hinten	
ungerundet	gerundet		gerundet	
iː i	**yː y**		uː u	geschlossen
eː e	**øː**	ə ɵ	oː o õ	halb geschlossen
ɛː **ɛ̃**	**æː æ**	œː	ɐ	halb offen
aː			ɑ **ã**	offen

Die **fett** markierten Vokale kommen im Lëtzebuergeschen nur selten vor.

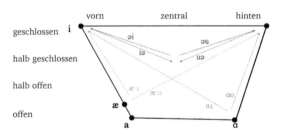

Abbildung 1: Diphtonge im Lëtzebuergeschen, nach [Gil06]

- æˑʊ - aˑʊ

2.6 Phonetik des Deutschen

Der Aligner für das Luxemburgische baut auf der deutschen Version des Programms auf. Der ursprüngliche Aligner ist imstande sämtliche Phoneme, die im deutschen Lautsystem vorkommen, zu alignieren. Da dieses System die Grundlage für den luxemburgischen Aligner darstellt, wird es hier

kompakt vorgestellt. Die unten vorgestellte Klassifizierung der deutschen Konsonanten, Vokalen und
Diphtongen basiert auf [PM03]. In Kapitel 3 wird anschließend darauf eingegangen, wie dieses Inventar der deutschen Phoneme im Aligner abgebildet wird.

Tabelle 3: Die deutschen Konsonanten nach [PM03, S. 265]

	plosiv	nasal	frikativ	approximant	lateral approx.
bilabial	p b	m			
labiodental			f v		
dental					
aleveolar	t d	n	s z		l
postalveolar			ʃ ʒ		
retroflex					
palatal			ç	j	
velar	k g	ŋ	(x)		
uvular			(χ) ʁ		
pharyngal					
glottal	(ʔ)		h		

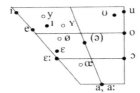

Abbildung 2: Die Deutschen Vokale nach [PM03, S. 266]

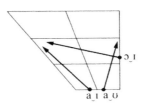

Abbildung 3: Diphtonge im Deutschen [PM03, S. 266]

Für Beispieläußerungen, die diese Phoneme enthalten, wird auf [PM03]verwisen. Man muß hierbei
vermerken, dass Affrikate, da sie aus Paaren von den bereits aufgelisteten Phonemen bestehen, nicht
in der Zusamenstellung berücksichtigt werden.

Die Phoneme [x] und [χ] sind ausgeklammert, da sie laut [PM03] als allophonische Varianten von [ç]
zu betrachten sind und nur unter bestimmten Umständen orthographisch transkribiert werden. Das
gleiche gilt für den Glottisverschluss ([ʔ]), der nur vor initialen Vokalen auftritt und kein orthogra-
phisches Gegenstück besitzt.

2.7 Gegenüberstellung des Deutschen und des Lëtzebuergeschen

Ein Vergleich der beiden Lautsysteme zeigt, dass das Luxemburgische eine größere Vielfalt an Phonemen aufweist als das Deutsche. Manche Phoneme können als Aussprachevarianten gegenüber dem Deutschen betrachtet werden, wie z.B. [i] und [ɪ]. Andere kommen im Deutschen nicht vor, wie z.B. der Halbkonsonant [w]. In Tabelle 4 werden diese Phoneme zusammengefasst, gemeinsam mit ihren deutschen Gegenstücken, soweit vorhanden.

Tabelle 4: Luxemburgische Phoneme und ihre deutschen Varianten

Konsonanten		Vokale		Diphtonge	
de	**lb**	**de**	**lb**	**de**	**lb**
-	w	aː	æː (Variante)	-	iə
ʃ	ç (ähnlich)	ɪ (h. geschlossen)	i (geschlossen)	-	uə
ʒ	ʑ (ähnlich)	ʊ (h. geschlossen)	u (geschlossen)	-	ei / ɔi
-	ɣ	ɔ (h. geschlossen)	o (geschlossen)	-	ou / ɔu
		ə	ɵ(Variante)	-	æ·i / a·i
		-	e (kurz)		
		-	æ		

Im Nachfolgenden wird auf die Phoneme, die lediglich im Luxemburgischen und nicht im Deutschen vorkommen, näher eingegangen. Die Liste basiert auf [Gil07].

Konsonanten:

- [w] - labiodentaler Approximant, Halbkonsonant. Beispiele: geschwat [ɡɔˈʃwaːt], schwéier [ˈʃwɔiɐ].

- [ç] - stimmloser, präpalataler Frikativ, dem deutschen [ʃ] sehr ähnlich. Beispiele: sécher [ˈzeçɐ], kierperlech [ˈkiəpɐləç], néideg [ˈnɔideç].

- [ʑ] - stimmhafter, präpalataler Frikativ, dem deutschen [ʒ] sehr ähnlich. Beispiel: héijen [ˈhɔiʑən].

- [ɣ] - stimmhafter, velarer Frikativ. Beispiel: Jugend [ˈjuːɣənt].

Vokale:

- [æ] - vorne, kurz, fast offen, ungerundet, gespannt. Beispiele: Kächen [ˈkæçən], Hengscht [hæŋʃt].

- [æː] - vorne, lang, fast offen, ungerundet, gespannt. Wird als Variante von [aː] verwendet.

- [i] - vorne, kurz, geschlossen, ungerundet, gespannt. Beispiele: iddi [ˈidi], midd [mit], gin [ɡin], kill [kil]. Im Deutschen wird stattdessen der kurze, fast geschlossene, ungespannte Vokal [ɪ] verwendet.

- [u] - hinten, kurz, geschlossen, gerundet, gespannt. Beispiele: Tulp [tulp], Kuch [kux]. Im Deutschen wird stattdessen der kurze, fast geschlossene, ungespannte Vokal [ʊ] verwendet.

- [o] - hinten, kurz, halb geschlossen, gerundet, gespannt. Beispiele: Post [post], Loscht [loʃt]. Im Deutschen wird stattdessen der kurze, halb offene, ungespannte Vokal [ɔ] verwendet.

- [ɵ] - zentral, kurz, leicht gerundet, halb geschlossen. Beispiele: mell [mɵl], Lescht [lɵʃt]. [ɵ] wird im Lëtzebuergeschen als gerundete, freie Variante von [ə] verwendet.

- [e] - vorne, kurz, halb geschlossen, ungerundet, gespannt. Beispiele: Méck [mek], sécher [ˈzecɐ], kéng [keŋ]. Im Deutschen kommt dieser Vokal lediglich als eine lange Variante, [eː], vor.

Diphtonge:

- [iə] - vorne, geschlossen → zentral, mittel. Beispiele: liesen [ˈliəzən], Wieder [ˈviədɐ]

- [uə] - hinten, geschlossen → zentral, mittel. Beispiele: Kueb [kuəp], Buedem [ˈbuədəm].

- [ei], [əi] (freie Variante) - vorne, halb geschlossen → vorne, geschlossen. Beispiel: spéit [ʃpeit].

- [ou], [ɔu] (freie Variante) - hinten, halb geschlossen → hinten, geschlossen. Beispiel: Schoul [ʃoul].

- [æˑi], [aˑi] (freie Variante) - vorne, fast offen, gespannt → vorne, geschlossen, gespannt. Beispiele: Zäit [tsæˑɪt], däin [dæˑm].

3   Phonetische Alignierung als Erkennungsproblem

3.1   Toolgestütze Spracherkennung mit dem Aligner

Der Aligner [Rap95] ist ein Werkzeug, das die phonetische Annotation von Sprachdaten automatisiert. Dafür bietet er eine Reihe von Funktionalitäten. Zuerst ermöglicht er die automatische Erstellung von phonetischen Transkriptionen anhand orthographisch transkribierter Daten. Weiterhin aligniert er die phonetische Analyse mit der Sprachaufnahme. In diesem Schritt wird jedes Phonem mit einem Zeitstempel versehen, der markiert, wann das Phonem anfängt, und wann es endet. Letztendlich kann der Aligner Zeitstempel für Silben- und Wortgrenzen vergeben. Für jede solche Kategorie (Phonem-, Silben- und Wortmarkierung) wird eine separate Textdatei mit einer Sammlung von Zeitstempeln erstellt.

3.2   Funktionsweise

Die Alignierung und die Spracherkennung unterscheiden sich nicht stark voneinander. Ein Spracherkenner versucht anhand einer Grammatik festzustellen, welche Wörter ein Audiosignal enthält. Die Grammatik liefert dabei einen finiten Satz der möglichen Äußerungen. Der Erkenner versucht festzustellen, welche der in der Grammatik vorgegebenen Möglichkeiten am wahrscheinlichsten erscheint.

Der Inhalt der Aufnahme ist hierbei vorrangig, die genauen Zeitstempel der Einheits-(Wort-)grenzen sind dafür von wenig Bedeutung.

Der Aligner ist auch ein Spracherkenner, jedoch mit dem umgekehrten Ansatz. Der Inhalt einer Sprachaufnahme ist bereits bekannt und so, zweitrangig. Dafür spielen die genauen Einheitsgrenzen die wichtige Rolle. Der Aligner macht eine Spracherkennung - jedoch mithilfe einer Grammatik, die nur eine bestimmte folge von Einheiten erlaubt. Bei dem Aligner sind die Einheiten nicht ganze Wörter, sondern einzelne Phoneme.

Das Programm basiert auf zwei Technologien. Die erste ist das CELEX-Lexikon [BPR93], das eine hochqualitative phonetische Transkription gestattet. Das CELEX enthält neben phonetischen auch morphosyntaktische Informationen, die eine Analyse auf Silben- und Wortebene ermöglichen. Der Aligner akzeptiert ausschliesslich eine Folge von Phonemen als gültige Eingabe. Dank CELEX ist es dem Benutzer jedoch möglich, lediglich die orthographische Transkription einer Sprachaufnahme anzugeben. Die notwendige phonetische Transkription wird zur Laufzeit durch das Nachschalgen im CELEX-Lexikon erstellt. Sollte ein Eintrag nicht im Lexikon vorhanden sein, wird eine phonetische Transkription regelbasiert generiert [Rap95].

Die zweite wichtige Technologie ist das Konzept der Hidden-Markov-Modelle[3]. Diese Technologie ist in dem HTK-Toolkit [YEG+06] implementiert. Mittels HTK wird ein Hidden-Markov-Modell für jedes deutsche sowie jedes luxemburgische Phonem erstellt. Das HTK-Toolkit ist auch für das eigentliche Alignieren der Phoneme zuständig.

3.3 Phoneminventar und Aussprachelexikon

Das Phoneminventar des Aligners basiert auf dem deutschen Lautsystem. Der Aligner ist imstande jedes beliebige Phonem zu erlernen, also ein Hidden-Markov-Modell zu erstellen, für das er Beispieldaten zur Verfügung hat. Somit ist das Lautinventar des Programms stark von den verwendeten Daten abhängig.

Das Deutsche Modul wurde mithilfe des Kiel-Korpus [Koh95]erstellt. Dementsprechend enthält die Menge der Phonemmodelle lediglich die Lautmodelle, die in dem Korpus auch vorkommen. So entsteht die folgende Liste der unterstützten Phoneme:

Konsonanten: f v s z ʃ ʒ ç j x h l ʀ ŋ m n p b t d k g

Vokale: iː eː ɛː aː oː uː yː øː ɔ ɐ ɪ ɛ a ɔ ʊ ʏ œ

Diphtonge: aɪ aʊ ɔʏ

Der Aligner hat u.a. die Aufgabe aus einer orthographischen Transkription eine phonetische Transkription zu generieren und die Phoneme mit der vorhandenen Audiodatei zu alignieren. Die Generierung einer phonetischen Transkription muss hier zuverlässig funktionieren. Falsche, oder falsch

---

[3]Für eine kompakte Einführung ist [YEG+06, S. 3-13] zu empfehlen.

angeordnete Phoneme könnten das Alignieren zum Scheitern bringen.

Die deutsche Aussprache basiert zum Großteil auf Regeln. Der Aligner kann diese Regeln verwenden, um die Aussprache eines beliebigen deutschen Wortes zu erraten. Bei Fremdwörtern oder Eigennamen funktioniert dieser Ansatz jedoch nicht zuverlässig. Für eine hochqualitative phonetische Transkription ist daher ein externes Lexikon notwendig, der von menschlicher Hand erstellt worden ist. Für den deutschen Aligner wird die CELEX-Datenbank [BPR93] verwendet. Da diese Sammlung umfangreich ist (395 611 Einträge), bleibt es dem Benutzer meistens erspart ein eigenes Aussprachelexikon erstellen zu müssen.

Das CELEX enthält keine Einträge für das Luxemburgische. Für den Einsatz im Aligner wird deshalb das Aussprachelexikon aus dem 6000-Wierder-Korpus verwendet ([ele07], siehe auch Abschnitt 4.4). Im Kontrast zum CELEX bietet dieses Lexikon keine syntaktischen Informationen zu Silbengrenen sowie Wortklassen. Aus diesem Grund wird in der luxemburgischen Version des Aligners auf die Analyse von Silben- sowie Wortgrenzen verzichtet.

3.4   Abbildung der lëtzebuergeschen Phoneme auf deutsche Sprachlaute

Die vorhandenen Korpora (siehe Abschnitt 4.1) sind nur zum Teil phonetisch annotiert, jedoch nicht aligniert. Die manuelle Alignierung dieser Daten liegt außerhalb des Skopus dieser Arbeit. Es ist deswegen sinnvoll, sich des deutschen Aligners zu bedienen.

Da der Aligner auf einem deutschen Korpus trainiert wurde, ist sein Phoneminventar nur teilweise für diesen Zweck geeignet. Einige der lëtzebuergeschen Sprachphänomene werden damit nicht abgedeckt. Man kann jedoch die existierende, deutsche Version des Programms verwenden, um die ersten luxemburgischen Trainigsdaten zu alignieren. Davor muss man jedoch feststellen, welche deutschen Laute den fehlenden Lëtzebuergeschen Phonemen am ähnlichsten sind, d.h. sich möglicherweise in nur einem Feature unterscheiden[4].

4   Aufbereitung der Sprachdaten

4.1   Vorhandene Sprachdaten

Wie bereits im Abschnitt 1.1 erwähnt, gibt es für das Lëtzebuergesche bisher keine offiziellen Korpora. Es ist deswegen notwendig, sich der Sprachdaten zu bedienen, die zwar gesammelt, jedoch noch nicht phonetisch nachgearbeitet und nicht offiziell als Korpora veröffentlicht worden sind. Dazu zählt das Gilles-Korpus [Gil99] sowie die Aufnahmen für das Online-Wörterbuch *6000 Wierder* [ele07]. Beide wurden von Peter Gilles (Universität Luxemburg) zur Verfügung gestellt.

Das Gilles-Korpus ist im Rahmen einer Studie der lëtzebuergeschen Dialekte entstanden. Es enthält Audiodaten von 23 Sprechern aus vier Regionen Luxemburgs (Osten, Norden, Süden, Zentrum). Jeder Sprecher hat eine Liste von 119 Sätzen vorgelesen. Diese Liste ist eine gekürzte Fassung des Fragebuchs, das bereits zur Erstellung des *Mittelrheinischen Sprachatlasses* [Bel94] verwendet wurde. Die Sätze wurden einerseits konzipiert, um möglichst viele Variationen im Wortschatz des Dialektsprechers

---

[4]Eine Zusammenstellung solcher Phonempaare befindet sich in der Tabelle 5.

Tabelle 5: Mögliche Zuordnung der Phonemmodelle

Phonem	Alternative 1	Unterscheidungs- merkmal	Alternative 2	Unterscheidungs- merkmal
[w]	[ʊ]	− approximant		
[ɕ]	[ʃ]	+ postalveolar − alveolo-palatal	[ç]	+ palatal − alveolo-palatal
[ʑ]	[ʒ]	+ postalveolar − alveolo-palatal	-	-
[ɣ]	[ʁ]	+ uvular − velar	-	-
[æ]	[a]	+ offen − fast offen	[ɛ]	+ halb offen
[æː]	[aː]	+ offen − fast offen	-	-
[i]	[iː]	+ lang − kurz	-	-
[e]	[eː]	+ lang − kurz	-	-
[o]	[oː]	+ lang − kurz	[ə]	− gespannt
[u]	[uː]	+ lang − kurz	-	-
[ɵ]	[ə]	+ zentral − halb geschlossen	-	-
[iə]	[j ə]	zusammengesetzt	[j ɛ]	zusammengesetzt
[uə]	[ʊ ə]	zusammengesetzt	[ʊ ɛ]	zusammengesetzt
[ei]	[ɛ j]	zusammengesetzt	-	-
[ou]	[ɔ ʊ]	zusammengesetzt	[aʊ]	+ offen −halb offen
[æˑɪ]	[aɪ]	+ offen − fast offen	-	-

zu entdecken; andererseits waren sie phonetisch speziell auf das Westmitteldeutsche zugeschnitten, damit sämtliche Phoneme dieses Bezugssystems in allen Kontexten abgefragt werden.

Die Aufnahmen bestehen nicht aus Äußerungen eines Sprechers, der die Liste der Sätze vorliest. Stattdessen wurden die Aufnahmen in Paaren durchgeführt. Der eine Teilnehmer hat einen Satz auf Deutsch vorgelesen, während der Andere den Satz auf Lëtzebuergesch wiederholt hat. Da den Sprechern einige Freiheit geboten wurde und eine direkte Übersetzung nicht immer stattgefunden hat, kamen hier die Variationen im Wortschatz und in der Aussprache zu Licht. Die Aufnahmen wurden zum Großteil (außer der Aufnahmen aus Esch-sur-Alzette) in einem stillen Raum, mit portablen Mikrophonen durchgeführt. Die Sprachdaten aus Esch wurden in einem Klassenzimmer aufgezeichnet.

Das Korpus besteht aus digitalen Aufnahmen auf DAT-Kasetten. Ein Großteil dieser Aufnahmen wurde digital nachbearbeitet und in Dateien konvertiert. Da die Nachbearbeitung für den Einsatz im Aligner viel manuelle Arbeit erfordert (schneiden, transkribieren), ist bisher nur ein kleiner Teil der Daten als phonetisches Korpus verwendbar. Ingesamt stehen Aufnahmen von 7 Sprechern zur Verfügung. Drei Sprecherinnen kommen aus dem Zentrum des Landes, zwei Sprecher aus dem Norden und einer aus dem Osten. Eine besondere Kategorie sind die Aufnahmen aus Esch-sur-Alzette. Hier wurde das Fragebuch von unterschiedlichen, männlichen und weiblichen Sprechern des Südlëtzebuergeschen aufgenommen. Insgesamt stellt das Korpus 819 Sätze, mit 3.565 Einzelwörtern zur Verfügung. Jeder

Sprecher hat im Durchschnitt 509 Wörter geäußert.

Der hier verwendete Ausschnitt des Gilles-Korpus enthält hauptsächlich Aufnahmen der Sprecher aus dem Zentrum und dem Süden des Landes, also der Sprecher der Koiné. Um den Aligner robuster zu machen, wurden einzelne Aufnahmen aus anderen Regionen hinzugefügt. Der Kern der Daten kommt aber von den Sprechern des 'Hochluxemburgischen'.

Das Wörterbuch-Korpus [ele07] besteht aus 5.963 Aufnahmen der populärsten luxemburgischen Begriffe. Sämtliche Begriffe wurden in einem Studio von einer professionellen Sprecherin aufgenommen. Eine vollständige Liste der orthographischen sowie phonetischen Transkriptionen der Aufnahmen ist vorhanden. Die Transkription basiert jedoch auf dem deutschen Lautsystem und muss deswegen manuell nachgearbeitet, und an die Konvention aus [Gil07] angepasst werden.

4.2   Aufteilung der Datensätze

Die vorhandenen Daten werden nach dem 90%/10%-Prinzip aufgeteilt. 90% der Daten wird zum Trainieren des Aligners verwendet und 10% für die Evaluierung.

Bei dem Wörterbuch-Korpus ist es einfach, einen Fehler zu machen und z.B. die ersten 600 Aufnahmen, also die ersten 10%, als Testdaten zu verwenden. Das könnte zu einer ungleichmäßigen Gewichtung der phonetischen Daten führen. Stattdessen wird jede zehnte Aufnahme zum Testdatensatz hinzugefügt. Nach der Wahl wird dann nachgeprüft, ob für jedes der zusätzlichen Luxemburgischen Phoneme ein Beispiel vorhanden ist.

Der hier verwendete Ausschnitt des Gilles-Korpus besteht aus sieben unterschiedlichen Datensätzen und lässt sich nicht so einfach in dem Verhältnis 90%/10% aufteilen. Stattdessen werden die Aufnahmen der sechs einzelnen Sprecher als Trainingsdaten verwendet. Die siebte Aufnahme der unterschiedlichen Sprecher aus Esch-sur-Alzette wird als Testdaten dienen. Damit ist das Verhältnis 83%/17% geschaffen.

4.3   Vorbereitung der Daten - Gilles-Korpus

Da die Sprachaufnahmen für das Gilles-Korpus bereits als Dateien vorhanden waren, ist der erste Bearbeitungsschritt, die Digitalisierung, entfallen. Die Daten selbst waren aber unverarbeitet. Für jeden Sprecher gab es eine große Aufnahme, die die gesamte Interaktion der Sprecherpaaren enthält hat. Diese bestand nicht nur aus luxemburgischen, sondern auch aus deutschen Sätzen sowie aus Hintergrundgeräuschen. Sämtliche Aufnahmen mussten manuell angehört und geschnitten werden. Für jeden Satz wurde eine separate Audiodatei erstellt, deren Name sich nach der Konvention: lux-*Sprecherkürzel*-fb_*Satznummer*.wav gerichtet hat, beispielsweise lux-rs-fb_049.wav oder lux-schueler-lycee-esch-fb_016.wav. fb steht dabei für das "Fragebuch". So konnte für jeden Satz eine Datei mit einem eindeutigen Namen angelegt werden.

Die sieben Aufnahmen beinhalten insgesamt 833 Sätze. Da jedoch in einigen Fällen die Hintergrundgeräusche sehr stark waren, oder gleichzeitige Äußerungen mehrerer Sprecher enthälten, wurden einige Sätze nicht in das finale Korpus aufgenommen. Insgesamt sind 14 Sätze aus Qualitätsgründen ausgesondert worden. Die meisten Aufnahmen wurden bei der Sprecherin mit dem Kürzel Z1 rausgenommen. Bei den Sprechern N4, RS sowie der Gruppe aus Esch wurden sämtliche Aufnahmen beibehalten. Eine vollständige Auflistung befindet sich in der Tabelle 6.

Tabelle 6: Anzahl der vorhandenen Sätze für Sprecher aus verschiedenen Regionen

Sprecherkürzel	Z1	Z2	Z4	N4	RS	WR	Schueler-Lycee-Esch
Anzahl Sätze	114	115	115	119	119	118	119

4.3.1 Orthographische Transkription

Das Korpus sollte so vorbereitet werden, damit man es ohne Änderungen, direkt für das Training des Aligners einsetzen kann. Der Aligner braucht jedoch für jede Audiodatei eine Textdatei mit einer orthographischen Transkription. Eine solche Transkription war in dem Gilles-Korpus nicht vorhanden.

Das Korpus enthälte jedoch außer der deutschen Version auch eine luxemburgische Übersetzung des Fragebuches, das für die Aufnahmen verwendet wurde. Diese Übersetzung war nur eine Richtlinie, da sich die Aussagen der Sprecher deutlich, je nach Alter und Region unterschieden haben. Dennoch war es dank dieses Dokuments möglich, die Transkriptionen z.T. automatisch zu erstellen, d.h. die Sätze aus dem Fragebuch zu extrahieren und für jede Audiodatei eine entsprechende Textdatei mit einer orthographischen Transkription des Satzes anzulegen. Der Inhalt des Fragebuchs ist im Anhang A aufgelistet.

Zwischen den Sprechern gibt es nicht nur Unterschiede in der verwendeten Aussprache, sondern auch Abweichungen im Wortschatz. Hier ist ein Beispiel, wie unterschiedlich das 59. Satz aus dem Fragebuch *"Wir müssen ihn glühend machen"* vom Deutschen ins Lëtzebuergesche übersetzt wurde:

- N4: *Mer mussen hie gliddeg maachen.*

- WR: *Mussen hien gliddeg maachen.*

- Z1: *Mer mussen hie gliddeg ruppen.*

- Z4: *Mer mussen hie warm maachen.*

Wegen dieser starken Unterschiede musste jedes der 819 Sätze manuell geprüft und evtl. korrigiert werden. Für diesen Zweck wurde ein graphisches Transkriptionstool verwendet (siehe Abbildung 4). Das Tool wurde ursprünglich entwickelt, um Sprachaufnahmen, die in einem Dialogsystem gesammelt wurden, orthographisch zu transkribieren. Diese Transkriptionen wurden dann verwendet um die Erkennungsqualität eines Dialogsystems zu optimieren.

Das Programm basiert auf der Skriptsprache Perl und der graphischen Bibliothek Tcl/Tk. Ursprünglich war es so konzipiert, dass es die Liste der Audio- und Textdateien aus zwei verschiedenen Listendateien eingelesen hat. Die manuellen Transkriptionen wurden im Nuance[TM]-Format gespeichert.

Um das Tool für die orthographische Transkription von dem Gilles-Korpus verwendbar zu machen, musste es an zwei Stellen angepasst werden. Als erstes wurde die Liste der Audiodateien und der dazugehörigen Transkriptionen nicht aus einer Datei eingelesen, sondern zur Laufzeit durch das Durchsuchen des aktuellen Verzeichnisses erstellt. Zweitens mussten die korrigierten Transkriptionen nicht im

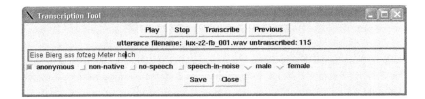

Abbildung 4: Das Transkriptionsprogramm

Nuance^TM-Format, sondern als einfacher Text ausgegeben werden. Diese beiden Änderungen wurden vorgenommen.

Nach dieser Modifikation hat das Programm das aktuelle Verzeichnis nach Audiodateien durchsucht, die die Erweiterung `.wav` besaßen. Für jede solche Audioaufnahme wurde eine korrespondierende Textdatei geladen, die einen identischen Namen, jedoch die Erweiterung `.txt` hatte. Der Inhalt der Datei wurde im Fenster des Programms dargestellt. Sollte die Textdatei nicht vorhanden gewesen sein, wurde sie von dem Programm angelegt. Der Benutzer konnte sich in der Programmaske den Inhalt der Audioaufnahme anhören und evtl. die angezeigte orthographische Transkription korrigieren. Durch das anklicken der `Transcribe`-Taste wurden die Änderungen gespeichert sowie die nächste Aufnahme angezeigt und abgespielt.

4.3.2 Erstellung eines Aussprachelexikons

Das Aussprachelexikon ist notwendig, um den Lëtzebuergeschen Begriffen, die in der orthographischen Transkriptionsdateien aufgeführt sind, eine phonetische Darstellung zuzuordnen. Dies ist erforderlich, da weder das CELEX-, noch das 6000-Wierder-Lexikonden Inhalt des Fragebuches vollständig abdecken.

Das hier verwendete Teil des Gilles-Korpus besteht aus 119 Sätzen, die von 7 unterschiedlichen Sprechergruppen ins Luxemburgische übersetzt und ausgesprochen werden. Wie bereits in 4.3.1 erläutert, unterscheidet sich der Wortschatz, der im Lexikon vorhanden sein muss, von Sprecher zu Sprecher. Dazu kommt noch, dass obwohl sich die Begriffe selbst zum Großteil überregional überschneiden, werden sie trotzdem öfters anders ausgesprochen. Hier sind einige Beispiele:

- Buedem (*Boden*) - Z1: [buədəm], Z2: [bodəm]

- Nuecht (*Nacht*) - Z1: [nœçt], Z2: [nyçt], N4: [noxt]

- Fräschen (*Frösche*) - Z1: [ʀɑʃən], Z2: [ʀæʃən], WR: [ʀeːʃən]

Wegen der Unterschiede in der Aussprache konnte kein allgemeines Lexikon für das ganze Korpus erstellt werden. Stattdessen wurden die Daten der 7 Sprechergruppen individuell behandelt. Bei jedem Sprecher, insgesamt 7 Mal, wurde folgend vorgegangen:

Schritt 1: Erstellung eines leeren Lexikons

Ein Perl-Skript wertete sämtliche orthographischen Transkriptionsdateien aus und erstellte eine leere
Lexikondatei. Um den Arbeitsaufwand zu minimieren wurde das Skript so konzipiert, dass jeder
Begriff nur einmal im Lexikon vorkommen durfte. Falls bereits Lexika anderer Sprecher, die aus
der gleichen Region kamen, vorhanden waren, wurden die Einträge des neuen, leeren Lexikons um
die Aussprachen aus dem bereits existierenden Lexikon ergänzt. Im günstigsten Fall entstand so ein
Lexikon, in dem mehr als die Hälfte der Einträge bereits gefüllt war.

Das erstellte Lexikon selbst war eine Textdatei mit einem Eintrag pro Zeile. Die Einträge befolgten
das Format

`Eintrag![Transkription]!`, z.B.:

`eischte![eis\t@]!`

Als Transkriptionskonvention wurde der Standard X-SAMPA [Wel95] verwendet.

Schritt 2: Manuelle Korrektur und Ergänzung

Für den Sprecher entstand so ein vollständiges Lexikon mit mehreren fehlenden phonetischen Transkriptionen. Dabei ist es wichtig, dass die vorhandenen Transkriptionen aus der Lexika anderer Sprecher gefüllt wurden und so nur einen Orientierungswert für die Aussprache des aktuellen Sprechers
dargeboten haben. Hier mussten sämtliche Aufnahmen nochmals mit dem Tranksriptionstool (4.3.1)
angehört werden. Parallel wurden die vorhandenen Lexikoneinträge korrigiert und die fehlenden Einträge ergänzt.

4.3.3 Generierung der phonetischen Transkriptionen

Der Aligner bietet zwei Möglichkeiten, die Aussprache für die im Systemlexikon nicht vorhandenen
Wörter anzugeben. Die eine ist ein externes Lexikon, in dem der Aligner unbekannte Wörter nach-
schlagen kann. Die andere ist es die phonetische Transkription direkt in die orthographischen Transkriptionsdateien zu integrieren. In dem zweiten Fall erstellt man zusätzliche Transkriptionsdateien,
die die phonetische Transkription bereits beinhalten.

Bei der Bearbeitung des Gilles-Korpus wurde die zweite Alternative angewendet. Es war unmöglich,
ein externes Lexikon zu verwenden, da die Aussprache der Begriffe aus dem Fragebuch zwischen den
Sprechern stark variiert hat. Ein Lexikoneintrag pro Ausdruck würde diese Abweichungen nicht abdecken. Deswegen war es für jeden Satz notwendig, außer einer Datei mit orthographischer Transkription
auch eine phonetische Transkriptionsdatei zu erstellen. Dazu kommt noch, dass die phonetische Transkription in zwei Versionen vorliegen musste: in einer deutschen, die nur die Phoneme verwendet, die
bereits in dem deutschen Aligner-Modell vorhanden sind sowie einer luxemburgischen, die die neu-
en Phänomene berücksichtigt. Die deutsche Transkription wird hierbei automatisch generiert, indem
man die den luxemburgischen Phonemen, anhand der Tabelle 5,ähnliche deutsche Phoneme zuordnet.

Die deutsche phonetische Transkription wird dazu verwendet, um die phonetische Transkription der
Trainingsdaten automatisch zu alignieren. Nach der Alignierung werden die erzeugten Label-Files

angepasst, indem die deutschen Phoneme mit luxemburgischen Phonemen ersetzt werden.

Die Bearbeitung der Daten bestand aus mehreren Teilen. Da sie ein manuell erstelltes Aussprachelexikon verwendet haben, mussten die Datenintegrität bei jedem Schritt manuell kontrolliert werden. Bei jeder der sieben Sprechergruppen wurde folgend vorgegangen:

Schritt 1: Überprüfung des Aussprachelexikons auf Vollständigkeit

Das Lexikon, dessen Erstellung im Abschnitt 4.3.2 beschrieben wurde, enthälte sämtliche Begriffe, die in den orthographischen Transkriptionsdateien vorkamen. Die phonetische Transkription, die manuell erstellt worden ist, konnte jedoch Fehler behalten. Während der Bearbeitung konnten z.B. einige Einträge versehentlich verändert worden sein. Es konnten sich auch syntaktische Fehler (fehlende Klammern, Ausrufezeichen) eingeschlichen haben.

In einigen Fällen konnte bei der Lexikonerstellung festgestellt werden, dass sich manche Einträge, trotz identischer orthographischer Transkription, phonetisch unterscheiden. Diese Einträge mussten in das Lexikon manuell hinzugefügt werden. Dies konnte weitere Fehler verursachen.

Aus diesen beiden Gründen musste das Lexikon bei der Erstellung der phonetischen Label-Dateien zuerst auf Vollständigkeit geprüft werden. Für diesen Zweck wurde eine Perl-Funktion `check_if_trans-criptions_in_lexicon` erstellt, die zuerst das Lexikon in eine Hash-Tabelle geladen hat. Danach wurden sämtliche Transkriptionsdateien aus einem Verzeichnis geladen und jedes Wort mit dem Lexikon verglichen. Sollte ein Eintrag gefehlt haben, lieferte die Funktion einen Meldung mit dem fehlenden Wort und brach die weitere Bearbeitung ab. Falls die Einträge komplett waren, wurde die Bearbeitung im nächsten Schritt fortgesetzt.

In der Skriptsprache Perl ist es möglich, ähnliche Funktionen in eine Bibliothek, ein so genanntes 'Modul' zusammenzufassen. Die Funktion `check_if_transcriptions_in_lexicon` wurde in ein solches Modul integriert. Das Modul `ConversionLibrary.pm` ist im Anhang B aufgelistet.

Schritt 2: Automatische Überprüfung der phonetischen Transkription, Konvertierung der luxemburgischen Phoneme ins Deutsche

Die größte Fehlerquelle im Lexikon sind die phonetischen Transkriptionen. Diese werden komplett manuell erstellt. Bei einer Anzahl von 3.565 Wörtern war es wahrscheinlich, dass es fehlerhafte Einträge geben wird. Diese Fehler könnten entsprechende Folgen haben - der Aligner könnte die phonetischen Daten falsch alignieren, oder sogar die Bearbeitung abbrechen. Dies hätte einen Einfluss auf die Qualität der Hidden-Markov-Modelle der luxemburgischen Phoneme.

Um diese Fehler zu vermeiden, wurde ein zweistufiger Test eingesetzt. Zuerst wurden die luxemburgischen Transkriptionen entsprechend der Tabelle 5 in das deutsche Lautsystem konvertiert. Als nächstes wurde die deutsche Transkription mit einem Shift-Reduce-Parser[5] überprüft.

Für die Konvertierung der Einträge waren die Funktionen `entry_lb2de` und `lexicon_lb2de` zuständig (Anhang B). Die erste Funktion hat mithilfe von regulären Ausdrücken die luxemburgischen

---

[5]Das Parsingverfahren ermöglicht es die Struktur einer Zeichenkette zu analysieren und die Basiskomponenten (in diesem Fall, Phoneme) aus die sie besteht, festzustellen. Für eine ausführliche Erklärung des Shift-Reduce-Verfahrens ist [GS06, S. 690-692] zu empfehlen.

Phoneme mit ihren deutschen Pendants ersetzt. Die Liste der Phoneme war in einem Array gespeichert.

Die X-SAMPA-Notation einiger Phoneme im Lëtzebuergeschen hat in diesem Verfahren zu Fehlern geführt. Als Beispiel kann man das kurze [o] und das lange [oː] nennen, die in X-SAMPA respektive `[o]` und `[o:]` transkribiert werden. Die regulären Ausdrücke haben die Phonemlänge ignoriert, was zu syntaktischen Fehlern ([ɔː], [oːː]) geführt hat. Bei den deutschen Varianten [ɔ] und [oː], die in X-SAMPA als `[O]` und `[o:]` transkribiert werden, kommen solche Verwechslungen nicht vor. Nachdem jedoch die regulären Ausdrücke expliziter gesetzt wurden, z.B. dass das kurze [o] nur in der Nachbarschaft anderer Buchstaben (und nicht z.B. eines Doppelpunktes) ersetzt werden darf, traf dieses Problem nicht mehr auf.

In der 2. Stufe wurde die generierte deutsche Transkription auf Korrektheit überprüft. Dies hat die Fehlerfreiheit der Transkriptionen in beiden Sprachen garantiert - gäbe es Fehler bei der luxemburgischen Transkription, würde sie inkorrekt in das deutsche Lautsystem konvertiert werden, was bei der Überprüfung zu Fehlern führen würde.

Für die Überprüfung der deutschen phonetischen Einträge wurde ein einfacher Shift-Reduce-Parser verwendet (Perl-Funktion: `check_german_phones`). Diese Methode erwies sich als sehr zuverlässig. Obwohl dieses Verfahren vielleicht einen hohen Rechenaufwand benötigt, war es bei der vorhandenen Menge von 3565 Einträgen vernachlässigbar.

Schritt 3: Erstellung phonetischer Annotationsdateien - Deutsch, Lëtzebuergesch

Nachdem das Lexikon auf Vollständigkeit und die phonetischen Einträge auf Korrektheit geprüft worden sind, stand der Erstellung der phonetischen Transkriptionsdateien für beide Sprachen nichts mehr im Wege. Dieser Schritt wurde für jede Sprechergruppe einzeln, also insgesamt sieben Mal durchgeführt. Zuerst wurde das vorhin geprüfte Lexikon als Hash-Tabelle in den Arbeitsspeicher geladen. Insgesamt entstanden so zwei Tabellen - eine mit der deutschen phonetischen Annotation sowie eine mit der luxemburgischen. Danach wurde jede orthographische Transkriptionsdatei in dem aktuellen Verzeichnis gelesen und in einzelne Wörter zerteilt. Dabei wurden sämtliche Interpuktionszeichen entfernt, da sie für die Erstellung der phonentischen Annotationsdatei irrelevant waren. Für diese Aufgabe war die Fuanktion `orthographic2phonetic_txt` zuständig. Die Wörter aus der orthographischen Transkriptionsdatei wurden in den Lexika nachgeschaut und in eine Texdatei gespeichert. Die luxemburgische Annotation basierte komplett auf dem manuell erstellten Aussprachelexikon. Die deutsche Version wurde automatisch erstellt, indem die luxemburgische Transkription widerholt mithilfe der Funktionen `entry_lb2de` und `lexicon_lb2de` konvertiert wurde.

4.3.4 Korpusstruktur

Nachdem sämtliche Bearbeitungsschritte erfolgreich abgeschlossen waren, bestand die Verzeichnisstruktur aus folgenden Dateitypen:

- *Dateiname*.`wav` - Audioaufnahme eines Satzes aus dem Fragebuch.

- *Dateiname*.`orthographic` - orthographische Transkription des Satzes.

- *Dateiname*.lb-LU.txt - phonetische Transkription des Satzes, lëtzebuergesche Version

- *Dateiname*.de-DE.txt - phonetische Transkription des Satzes, lëtzebuergesche Phoneme gemappt auf Deutsche Phonemmodelle.

Hier ist ein Beispiel für den 14. Satz aus dem Gilles-Fragebuch, für den Sprecher mit dem Kürzel "RS" (Ostluxemburg):

- lux-rs-fb_014.wav - Audioaufnahme des Satzes.

- lux-rs-fb_014.orthographic - Den eischte Spigel ass schein.

- lux-rs-fb_014.lb-LU.txt - [d@] [eis\t@] [Spiz\@l] [as] [S{'in]
  IPA-Transkription: [də] [eiːtə] [ʃpizɔl] [as] [ʃæ·in]

- lux-rs-fb_014.de-DE.txt - [d@] [EjSt@] [Spi:Z@l] [as] [SaIn]
  IPA-Transkription: [də] [ɛjˌtə] [ʃpiːʒɔl] [as] [ʃaɪn]

Hierbei ist zu beachten dass das Korpus, da es für die maschinelle Verarbeitung gedacht ist, durchgehend die X-SAMPA-Notation [Wel95] verwendet. Die IPA-Notation wird hier nur für die bessere Lesbarkeit angezeigt.

4.4   Vorbereitung der Daten - das 6000-Wierder-Korpus

Das 6000-Wierder-Korpus [ele07], das auch von Peter Gilles zur Verfügung gestellt wurde und auf dem das Online-Wörterbuch "Luxembourgish Online Dictionary" (http://www.lod.lu) basiert, hat weniger Nachbearbeitung erfordert. Die Daten wurden als eine Sammlung von MP3-Aufnahmen von 5963 Begriffen geliefert. Jede Aufnahme bestand aus einem Wort oder einer kurzen Phrase. Der Wortschatz deckte die (den Autoren nach) nahezu 6000 gängisten Begriffe des Lëtzebuergeschen ab.

Diese Datensammlung enthälte außer der Aufnahmen auch eine Liste der Begriffe sowie die dazugehörigen phonetischen Transkriptionen und Übersetzungen in weitere Sprachen. Sämtliche dieser Daten wurden in einer EXCEL[6]-Tabelle gespeichert.

Die Daten aus dem Wörterbuch unterscheiden sich vom Gilles-Korpus in zwei wichtigen Aspekten. Zunächst stammen sie nicht von einer Mischung von Sprechern, sondern von einer professionellen Sprecherin. Der zweite Unterschied liegt darin, dass sämtliche Aufnahmen in einem Studio gemacht worden sind. Dies spiegelt sich in der Klarheit des Sprachsignals, sowie dem Fehlen von Hintergrundgeräuschen wieder.

4.4.1   Bereinigung des Datensatzes

Die 6000-Mots-Datensammlung war nicht für den Einsatz als Sprachkorpus gedacht, deshalb wies sie einige Inkonsistenzen auf. Dazu kommt die Tatsache, dass die phonetische Transkription von mehreren Personen, anscheinend nach unterschiedlichen Richtlinien gemacht worden ist. Das hat zu einer

---

[6]Excel ist ein eingetragenes Warenzeichen der Microsoft Corporation.

weiteren Verschlechterung der Korpusqualität geführt. Die Fehler sind nur sporadisch aufgetreten, sie wiesen jedoch eine große Vielfalt auf. Eine automatische Bereinigung mithilfe eines Perl-Skripts wäre bei der Vielzahl unterschiedlicher Fehler aufwendig und ineffizient.

Um die Sammlung als Trainigsdaten für den Aligner verwenden zu können, musste das Korpus manuell bereinigt werden. In dem ersten Schritt wurden die syntaktischen Fehler behoben - z.B. die Vermischung der orthographischen mit der phonetischen Transkription, fehlende Klammern, Kommentare der Transkribennten. Danach wurde die phonetische Transkription selbst bereinigt: sämtliche Einträge mit ungültigen Phonemsymbolen mussten manuell angehört und korrigiert werden.

Bei der Qualitätskontrolle haben sich wiederholt die Perl-Funktionen `entry_lb2de` sowie `check_german_phones` (Anhang B) als hilfreich erwiesen. Die Transkriptionen wurden mit der ersten Funktion aus dem Lëtzebuergeschen Lautsystem in das Deutsche gemappt, dann mit der zweiten Funktion auf Konsistenz geprüft. Bei einer Sammlung von nahezu 6.000 Einträgen war diese Funktionalität sehr hilfreich und arbeitsparend.

4.4.2 Aufteilung für Test und Training

Die Daten wurden entsprechend dem Verfahren, das im Abschnitt 4.2 beschrieben ist, aufgeteilt. Jede zehnte Aufnahme, inklusive Transkription, wurde automatisch aussortiert und in ein separates Verzeichnis verschoben. Die restlichen Aufnahmen sind für das Trainieren der Hidden-Markov-Modelle im Aligner aufgehoben worden.

4.5 Zusammenfassung

Das gesamte Inventar der lëtzebuergeschen Phoneme stellt sich folgendermaßen zusammen:

Tabelle 7: Gesamtzahl der lëtzebuergeschen Phoneme in beiden Korpora

Phonem	[w]	[ɕ]	[z]	[ɣ]	[æ]	[æː]	[ɵ]	[iə]	[uə]	[ei]	[u]
Gesamtzahl	130	911	19	61	412	75	293	593	384	481	885

Phonem	[əi]	[ou]	[əu]	[æ·i]	[a·i]	[æ·ʊ]	[a·ʊ]	[i]	[e]	[o]
Gesamtzahl	76	326	14	277	13	11	78	1436	613	743

5 Implementierung

5.1   Alignieren der phonetischen Annotation mithilfe des deutschen Aligners

Der Trainingsatz des luxemburgischen Korpus enthält jetzt 6.066 Aufnahmen, die vollständig phonetisch annotiert sind. Um sie jedoch als Trainigsatz zu verwenden, müssen sie zuerst aligniert werden. Um diesen Prozess zu automatisieren, wird hier der deutsche Aligner eingesetzt. Der Aligner akzeptiert als Eingabe die Sprachaufnahmen sowie die automatisch erstellten deutschen Annotationen. Als Ergebnis liefert er eine Sammlung von `.phones`-Dateien, die die Phonemliste sowie die Zeitstempel für den Anfang eines jeden Phonems liefern. Die erstellten Dateien befolgen die X-Waves-Formatierung[7].

5.2   Alignierte phonetische Annotation - Ersetzung der deutschen Phonemmarkierungen mit den lëtzebuergeschen

Die vorhandenen Daten reichten aus, um eine zeitalignierte phonetische Annotation zu erstellen, die die luxemburgische phonetische Transkription befolgt. Hier wurde nicht meh der Aligner eingesetzt, sondern ein speziell angefertigter Perl-Skript. Dieser bestand aus mehreren Funktionen, die für folgende Funktionalitäten zuständig waren:

`phones_xwaves2symbolic` liest eine vom deutsche Aligner erstellte X-WAVES-Datei ein, analysiert sie und liefert einen Hash mit Zeitpunkt-Phonem-Wertepaaren zurück.

`lblu2symbolic` liest eine Datei mit luxemburgische phonetischer Annotation, gibt sie an `tokenize_lblu` weiter.

`tokenize_lblu` zerlegt eine Zeichenkette in einzelne Phoneme

`compare_symbolic` vergleicht die Folgen der deutschen und luxemburgischen Phoneme, ordnet den deutschen Phonemen eine luxemburgische Transkription zu und speichert die luxemburgische Transkription, diesmal samt Stempel, in einer neuen `.phones`-Datei.

5.3   Erstellung der Hidden-Markov-Modelle für lëtzebuergesche Phoneme

Der Kern des Aligners ist das HTK-Toolkit[YEG+06], das die eigentliche Alignierung mittels Hidden-Markov-Modelle durchführt. Dabei spielen die sog. Feature-Vektoren[8] eine zentrale Rolle. Die Feature-Vektoren stellen die Parameter eines Sprachsingnals in Form einer Matrix dar. Diese dient nicht nur als Eingabe für den Aligner, sondern auch als Graundlage für die Erweiterung des Aligners um weitere Hidden-Markov-Modelle. Das HTK-Toolkit bietet das Werkzeug `HCopy` an, das eine Analyse der Audiodaten sowie eine Erstellung der dazugehörigen Feature-Vektoren ermöglicht. Es akzeptiert als Eingabe eine Audioaufnahme sowie eine Konfigurationsdatei die angibt, nach welcher Methode diese Vektoren berechnet werden sollten. Aus Kompatibilitätsgründen wurde hier die Konfigurationsdatei `wav-wave2mfcce.conf` verwendet, die auch in dem bereits existierenden deutschen Modul des Aligners zum Einsatz kommt. Als Ausgabe liefert `HCopy` eine neue Datei im Format *Dateiname*.`mfcc`.

---

[7]Das Format ist aus historischen Gründen eine Textdatei in der Form *Zeitstempel_in_s* 121 *Phonem*, z.B. 0.640000 121 e:

[8]Für eine Erklärung der Feature-Vektoren siehe [YEG+06, S. 30].

Es sind die Feature-Vektoren und nicht die Audioaufnahmen, die dem HTK-Toolkit als Grundlage für die Berechnung von HMMs von den luxemburgischen Phonemen dienen. Diese Berechnung besteht aus zwei Schritten. Zuerst wird mithilfe von HInit ein initales Hidden-Markov-Modell für ein Phonem erstellt. Das Programm läuft eine Liste von phonetisch annotierten .mfcc-Dateien durch, wobei es nachschaut, ob darin ein bestimmtes Phonem vorkommt. Aus den Feature-Vektoren des Audiosignals berechnet er das initiale HMM. Das HMM wird in einer Datei hmm_*Phonemname* gespeichert. HInit muss für jedes Phonem einzeln aufgerufen werden.

Im nächsten Schritt werden die von HInit erstellten HMMs mittels des Tools HRest verfeinert. HRest (vom englischen *reestimate*, deu.: *neu, wiederholt schätzen*) macht mehrere Durchläufe, bis entweder eine bestimmte Anzahl von Iterationen erreicht ist (in unserem Fall 20), oder die HMM-Parameter bei einem Wert konvergieren. Das Ergebnis eines solchen Durchlaufs ist ein in einer Textdatei gespeichertes HMM, das in den Aligner integriert werden kann. Ein Beispiel für ein HMM des Halbkonsonanten [w] befindet sich im Listing 1:

Listing 1: Das Hidden-Markov-Model für den Halbkonsonanten [w]

```
~o
<STREAMINFO> 1 39
<VECSIZE> 39<NULLD><MFCC_E_D_A><DIAGC>
~h "lc_w"
<BEGINHMM>
<NUMSTATES> 6
<STATE> 2
<MEAN> 39
 -3.713141e+000 -2.242564e+000 ... 3.256410e-001 5.512372e-003
<VARIANCE> 39
 2.818062e+001 1.755034e+001 ... 4.833512e-001 3.436624e-004
<GCONST> 1.094971e+002
<STATE> 3
<MEAN> 39
 2.306853e+000 -8.175514e+000 ... -4.600510e-002 -2.121479e-002
<VARIANCE> 39
 1.823643e+001 2.754904e+001 ... 6.281854e-001 2.777946e-004
<GCONST> 1.090027e+002
<STATE> 4
<MEAN> 39
 -4.570305e-001 -1.508072e+001 ... 3.420727e-001 -2.228634e-002
<VARIANCE> 39
 9.588306e+000 1.149081e+001 ... 5.369866e-001 1.968627e-004
<GCONST> 9.834845e+001
<STATE> 5
<MEAN> 39
 -5.616343e+000 -4.704875e+000 ... -2.858336e-002 -1.995726e-003
<VARIANCE> 39
 5.137143e+001 9.493664e+001 ... 3.844596e-001 1.285048e-004
<GCONST> 1.087912e+002
<TRANSP> 6
 0.000000e+000 7.606816e-001 2.393184e-001 0.000000e+000 0.000000e+000 0.000000e+000
 0.000000e+000 4.853061e-001 5.146940e-001 0.000000e+000 0.000000e+000 0.000000e+000
 0.000000e+000 0.000000e+000 5.458387e-001 3.395572e-001 1.146042e-001 0.000000e+000
 0.000000e+000 0.000000e+000 0.000000e+000 5.544330e-001 3.891133e-002 4.066557e-001
 0.000000e+000 0.000000e+000 0.000000e+000 0.000000e+000 8.614769e-001 1.385231e-001
```

```
0.000000e+000  0.000000e+000  0.000000e+000  0.000000e+000  0.000000e+000  0.000000e+000
<ENDHMM>
```

5.4   Integration der neuen Modelle in den Aligner.

Der Aligner ist modular aufgebaut. Er besteht zum Teil aus Komponenten, die von jeder der unterstützten Sprachen (Deutsch, Englisch, Französisch) verwendet werden. Andere Komponenten, wie z.B. die Sammlung der unterstützten Phoneme oder die Ausprachelexika sind sprachspezifisch. Die sprachabhängigen Komponenten sind in separaten Unterverzeichnissen abgelegt: deu, ltz, fra, und eng. Der Benutzer entscheidet sich bei dem Alignieren für eine der Sprachen, indem er in der Shell die ALANG-Umgebungsvariable auf einen der erwähnten Sprachkürzel setzt.

Die luxemburgischen Teile des Aligners basieren auf dem deutschen Modul. Initial war das luxemburgische Modul mit dem deutschen identisch. Erst dann wurde es angepasst und um die luxemburgischen Sprachphänomene ergänzt. Der Sprachkürzel wurde entsprechend der Norm ISO-639-2 [Int98] auf ltz festgelegt.

Der wichtigste Schritt war die Erweiterung der vorhandenen HM-Modelle der Phoneme um luxemburgische Sprachlauten. Die Liste dieser Modelle wird ind einer Textdatei macros. Die Liste befolgt die Formatierung aus Listing 1. Diese Liste musste um den Inhalt der Dateien, die mithilfe der Tools HInit und HRest erstellt worden sind, erweitert werden.

5.5   Anpassung der Vorverarbeitungskomponenten des Aligners

Obwohl die Liste der HMMs die Kernkomponente des Aligners ausmacht, reicht sie nicht aus, um die Alignierung einer lëtzebuergeschen Sprachaufnahme durchzuführen. Einige weitere Komponenten mussten um die neuen Modelle und X-SAMPA-Symbole erweitert werden. Hier eine kurze Zusammenfassung:

checksampa X-SAMPA-Parser [Wel95]; prüft nach, ob die phonetische Transkription einer Aufnahme wohlgeformt ist.

phones.dic komplete Liste der unterstützten Phoneme (nach X-SAMPA)

models.list Die Hidden-Markov-Modelle, die in der Datei macros enthalten sind, sind nicht nur nach Phonemen sondern auch nach der phonetischen Kategorie benannt. So heisst z.B. das Modell für [p] pc_p (*plosive consonant [p]*), oder das Modell für [ʃ] fc_S (*fricative consonant [ʃ]*). Diese Datei enthält eine Liste dieser Modelle.

sampa2models Dieses Programm ordnet den Phonemen aus der phonetischen Transkription sowie aus phones.dic die Hidden-Markov-Modelle aus den Dateien models.list und macros zu.

spreadsampa Das Tool bearbeitet und filtert regelbasiert die phonetische Transkription des Benutzers, so dass die Phenomäne der Koartikulation[9] berücksichtigt werden. Momentan wurde dieses Feature ausgeschaltet, da sich die aktuelle Implementierung auf Phänomene innerhalb der deutschen Phonetik bezieht. Ein luxemburgischer Koartikulationsfilter ist ein potentielles Forschungsthema (siehe Abschnitt 7.1)

5.6 Zusammenfassung

Der Aligner ist imstande eine lëtzebuergesche Sprachaufnahme zu analysieren, sie mit einer vorhandenen phonetischen Annotation zu vergleichen und die Phoneme mit Zeitstempeln für den Anfang und das Ende eines jeden Lautes zu versehen. Dabei unterstützt er nicht nur die deutschen, sondern auch sämtliche lëtzebuergeschen Phonemmodelle. Die Alignierung findet auf Phonemebene statt. Die Markierung von Wort- und Silbengrenzen ist für Lëtzebuergesch nicht implementiert.

6 Evaluierung

6.1 Vergleich der Aligner

Der deutsche und der lëtzebuergesche Aligner wurden eingesetzt, um einen Testsatz, dessen Aufbau im Abschnitt 4.2 beschrieben ist, zu alignieren. Die Anzahl der Aufnahmen betrug insgesamt 715 Dateien. Die Daten bestanden aus einzelnen Wörtern sowie vollständigen Sätzen. Nach dem Alignieren wurden die Unterschiede zwischen den Zeitstempeln der einzelnen Phoneme ausgewertet. Der luxemburgische Aligner tendierte dazu die neuen luxemburgischen Laute, im Vergleich zu den deutschen, zu verlängern, d.h. dass die Zeitstempeln dieser Phoneme öfters die Bereiche der benachbarten Phoneme teilweise überlappt haben. Die Auswertung dieser Ergebnisse befindet sich im Diagramm 5. Die horizontale Achse stellt die Anzahl der Beispiele für ein bestimmtes Phonem in dem Testsatz, die vertikale Achse dagegen den durchschnittlichen Unterschied zu den deutschen Zeitstempeln in Millisekunden dar.

6.2 Programm zur automatischen Evaluierung der Ergebnisse

Um die Daten effizient auswerten zu können, wurde eine Perl-Funktion `compare_symbolic_phones` implementiert. Diese Funktion hat es ermöglicht alignierte Transkriptionssammlungen aus zwei Quellen einzulesen und zu vergleichen. Gleichzeitig wurden die Zeitstempel gesammelt und ausgewertet.

---

[9]Koartikulation (nach [Glü05]) – "...gleichzeitige synkinetische Ausführung von zu benachbarten Sprachlauten gehörigen, nicht homorganen Artikulationsbewegungen. (...) Übertragen auf das akustische Sprachsignal bezeichnet Koartikulation allgemein die (artikulatorisch bedingte) gegenseitige Beeinflussung von Lautsegmenten innerhalb einer Äußerung.".

Abbildung 5: Automatische Alignierung lëtzebuergescher Phoneme, erster Vergleich

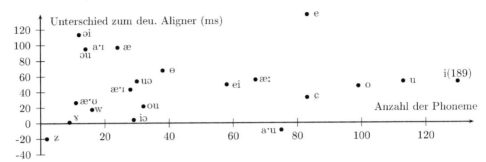

Das Programm analysierte die Unterschiede zwischen den Zeitestempeln auf Phonem- sowie Testsatzebene. Das Ergebnis war eine Liste von Phonemen, die Angabe der Gesamtzahl sowie die durchschnittlichen Unterschiede zwischen beiden Testsätzen in Millisekunden.

Da es sich bei der Evaluierung um Testsätze mit zwei unterschiedlichen Phonemgruppen handelte, wurde hier die Funktion `compare_symbolic` wiederverwendet, die eine Zuordnung von deutschen zu lëtzebuergeschen Phonemen möglich machte.

6.3   Korrektur und zweiter Vergleich

Die Alignierung einiger luxemburgischen Phoneme weist starke Unterschiede zwischen beiden Alignern auf. Diese Unterschiede sind sofort aus der Abbildung 5 ersichtlich - dies sind die Phoneme, deren Zeitstempeln mit 95 ms bis 138 ms deutlich über dem Duchschnitt liegen. Dazu gehören die Modelle der Phoneme [e], [æ], [aɪ] und [ou]. Diese Diskrepanz kann darauf zurückgeführt werden, dass die Hidden-Markov-Modelle auf drei unterschiedlichen Korpora trainiert wurden; die deutschen Laute auf dem Kiel-Korpus [Koh95], die luxemburgischen auf den Gilles- und 6000-Wierder-Korpora [Gil99],[ele07]. Eine Analyse der Ursachen dieses Unterschieds liegt außerhalb des Skopus dieser Arbeit. Eine Forschungsidee, wie man einen Aligner komplett auf luxemburgischen Daten aufbaut, wird in dem nächsten Kapitel beschrieben.

Um die Diskrepanzen zwischen den Modellen, die auf unterschiedlichen Korpora aufgebaut wurden, zu beseitigen, wurden die luxemburgischen Hidden-Markov-Modelle für die vier erwähnten Modelle mit ihren deutschen Pendants [eː], [a], [aɪ] und [aʊ] entsprechend der Tabelle 5 ersetzt. Die Alignierung wurde wiederholt auf dem Testsatz dürchgeführt. Die Ergebnisse wurden im Diagramm 6 zusammengefasst.

Die deutsche Version des Aligners ist ausgereift und robust, deshalb liefert sie solide Ergebnisse sogar bei lëtzebuergeschen Daten. Sie dient deshalb als guter Richtwert bei der Evaluierung der Qualität des lëtzebuergeschen Aligners. Der erste Testsatz lieferte eine Diskrepanz von -9 bis 138 ms, mit einem Durchschnitt von 49 ms. Dies zeugt von einer Instabilität des Aligners, bzw. davon dass die luxemburgischen Phoneme als überdurchschnittlich lang markiert werden und so die benachbarten Phoneme verkürzen können.

Abbildung 6: Automatische Alignierung lëtzebuergescher Phoneme, zweiter Vergleich

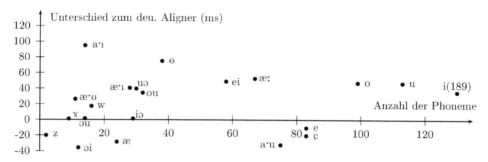

Das Ergebnis des zweiten Durchlaufs, abgebildet im Diagramm 6, weist diese starken Unterschiede nicht mehr auf. Die Werte zwischen -32 ms bis 95 ms und einem Durchschnitt von 19.84 ms zeugen von einer größeren Stabilität des Programms. Diese korrigierte Modellsammlung wurde auch verwendet, um den Vergleich der beiden Aligner mit einem von Hand annotierten Testsatz durchzuführen.

6.4 Manuelle und automatische Alignierung

Der deutsche sowie der lëtzebuergesche Aligner wurden einem letzten Test unterzogen: dem Vergleich mit manuell alignierten Daten. Dieser Test sollte einen absoluten Maßstab für beide Programme zur Verfügung stellen. Der Testsatz konnte wegen seinem Umfang nicht komplett manuell aligniert werden; aus diesem Grund wurden 38 letzten Sätze aus dem Gilles-Fragebuch ausgewählt, da sie eine Vielfalt an für das lëtzebuergesche typischen Phonemen aufweisen. Diese Sätze wurden mittels spezieller Sprachbearbeitungssoftware angehört und manuell aligniert. Nach der manuellen Bearbeitung konnte die Leistung der beiden Alignern direkt verglichen werden. Zu diesem Zweck wurde wiederholt das Perl-Programm compare_symbolic_phones eingesetzt. Das Programm wertete die Unterschiede zwischen den Zeitstempeln der Datensätze aus. Je weniger sich die Zeitstempeln der Aligner von den manuell alignierten Daten unterschieden haben, desto zuverlässiger funktionierte der Aligner.

Im Testsatz befanden sich 38 sätze mit insgesamt 132 Beispielen der Phoneme, die für das Lëtzebuergesche typisch sind. Die Abweichung von dem manuell alignierten Testsatz betrug bei dem deutschen Aligner zwischen -12 ms bis 47 ms mit einem Durchschnitt von 8,65 ms. Bei dem lëtzebuergschen Aligner betrug die Variation zwischen -19 ms bis 20 ms mit einem Durchschnitt von -0,95 ms. Die Ergebnisse für die beiden Aligner sind in den Diagrammen 7 und 8 graphisch dargestellt.

6.5 Ergebnisse

Die Evaulierung des lëtzebuergeschen Aligners bestand aus zwei Schritten. Zuerst sollte seine Leistung relativ zu dem deutschen Aligner verglichen werden, um das Programm auf Zuverlässigkeit und Stabilität zu testen. Zweitens sollte die Leistung der beiden Aligner auf manuellen alignierten Daten getestet werden, um einen absoluten Vergleich zu ermöglichen.

Abbildung 7: Vergle ch der manuellen Alignierung mit dem deutschen Aligner

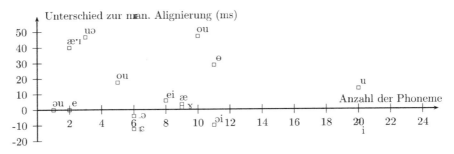

Abbildung 8: Vergleich der manuellen Alignierung mit dem lëtzebuergeschen Aligner

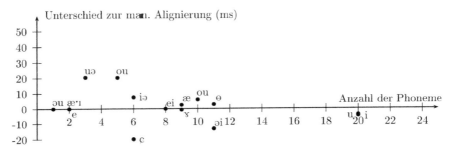

Der erste Vergleich brachte einige Schwachstellen des lëtzebuergeschen Aligner zum Vorschein. Die Zeitstempel von vier Phonemen reichten stark von den deutschen Daten ab; manchmal bis zu 113 ms. Die Hidden-Markov-Modelle dieser Modelle wurden gegen ihre deutschen Pendants ersetzt. Das Ergebnis war ein viel stabilerer Aligner, mit einer nur halb so großen Abweichung.

Im zweiten Test wurden 38 Sätze automatisch und manuell aligniert. Die manuelle Alignierung diente als Maßstab für die beiden Aligner. Beide Programme sind nur minimal von dem vorgegebenen Muster abgewichen. Die Abweichungen bei dem lëtzebuergeschen Aligner waren jedoch mit 39 ms kleiner als die 59 ms bei dem deutschen Aligner. Weiterhin korrelieren die mit dem lëtzebuergeschen Aligner anotierte Sprachdaten mit -0.95 ms stärker gegen 0 als der deutsche Aligner mit 8,65 ms.

Das Erfolgskrterium dieser Arbeit war es nach Abschnitt 1.2 den deutschen Aligner so zu erweitern, dass er lëtzebuergesche Sprachdaten alignieren kann. Dieser neue lëtzebuergesche Aligner sollte im direkten Vergleich präziser sein als die frühere Version. Nach diesen Kriterien ist diese Aufgabe gelungen.

7 Zusammenfassung und zukünftige Forschung

Der Aligner ist ein Werkzeug, das eine wichtige Rolle bei dem Aufbau von Sprachdatenbanken spielt. Das Ergebnis dieser Arbeit ist ein Aligner, der die phonetische Annotation einer luxemburgischen

Sprachaufnahme auf der Zeitachse aligniert. Das Programm ermöglicht die Automatisierung einer normalerweise zeitaufwendigen und monotoner Arbeit. Gleichzeitig eröffnet es Möglichkeiten für weitere Forschung. Es wird im Folgenden auf einige dieser Möglichkeiten eingegangen.

7.1 Erweiterung der Funktionalität des Aligners

Der im Laufe dieser Arbeit erstellte Aligner bietet lediglich eine Grundfunktionalität dar. Als Eingabe akzeptiert er eine Sprachaufnahme sowie eine Textdatei mit einer dazugehörigen phonetischen Transkription. Die Behandlung von Aufnahmen, die die Konvertierung der Audiodaten sowie das Alignieren der Transkription mit dem Sprachsignal enthält, ist vollständig implementiert. Die Möglichkeit eine orthographische, statt einer phonetischen Transkription anzugeben sowie die Berabeitung auf Silben- und Wortebene, die in anderen Sprachversionen des Programms vorhanden ist, ist jedoch nicht gegeben. Hier sind eine Komponente, um die der Aligner erweitert werde müsste, um eine mit der deutschen Version vergleichbare Funktionalität zu erzielen:

Phonetisches Lexikon In der aktuellen Version des Aligners muss die phonetische Transkription komplett von dem Benutzer angegeben werden. Dies ist im Vergleich zu den Implementierungen in anderen Sprachen eine unvollständige Lösung. Im deutschen Aligner wird dem Benutzer etwa die Möglichkeit gegeben, eine orthographische Transkription, also einen vollständigen Satz, einzugeben. Der Aligner schlägt die zu den einzelnen Wörtern dazugehörigen phonetischen Transkriptionen in einem Aussprachelexikon nach. Eine phonetische Transkription wird zur Laufzeit generiert.

Diese Funktionalität ist in diesem Aligner nicht implementiert. Eine Grundlage für die Umsetzung dieser Idee könnte die 6.000-Wierder-Sammlung[ele07] liefern.

Konvertierung Graphem → Phonem Die Anzahl der Einträge in dem phonetischen Lexikon ist begrenzt und wird spätestens bei der Zuordnung von phonetischen Transkrptionen zu Eigennamen oder seltenen Leihwörtern ausgeschöpft. In diesem Fall kann der Benutzer selbst eine phonetische Transkription angeben. Sollte der Benutzer jedoch nicht genügend Know-how besitzen, um eine solche Transkription zu erstellen bzw. wenn die Genauigkeit einer phonetischen Transkription nicht von höchster Bedeutung ist, kann man auf eine automatisch generierte Transkription zugreifen. Ein so genannter *grapheme2phoneme*-Konverter könnte eine solche Darstellung erzeugen. Im deutschen Aligner ist dieses Funktionalität in der Komponente `graphemephonemeconversion` abgebildet. In der luxemburgischen Version des Aligners steht sie noch aus.

Normalisierung der Interpunktionszeichen Eine orthographische Transkription kann Interpunktionszeichen wie z.B. Kommata, Bindestriche oder Punkte beinhalten. Diese Sonderzeichen können sich, vor allem bei Zahlen, auf die Aussprache der Begriffe auswirken. Hier einige Beispiele:

- 28. → *der achtundzwanzigste*

- 20–26 → *zwischen zwanzig und sechsundzwanzig*

- -2 → *minus zwei*

Alginierung auf Silben- und Wortebene Die Alignierung findet zur Zeit auf der Phonemebene statt. Die Alignierung auf Silben- oder Wortebene ist nicht implementiert, da die dazugehörige Information, also die orthographische Transkription nicht vorhanden ist. Sollte das phonetische Lexikon, das die Zuordnung einer phonetischen zu einer orthographischen Transkription ermöglicht, implementiert werden, könnte man die bereits vorhandene Silben- und Wortalignierungskomponente auch im luxemburgischen Aligner verwenden.

Berücksichtigung der Koarikulation Man könnte intuitiv denken, dass die Aussprache von Wörtern und Sätzen exakt der orthographischen Notation entspricht. Tatsächlich ist die menschliche Sprache ein fliessende Bewegung des Sprachapparatus. Die Bewegungen des Mundraumes beeinflussen einander, so dass sich z.B. das ü in *fünf* eher wie ein ö anhört. Dies hat Konsequenzen für die Generierung von phonetischen Transkriptionen aus orthographischen Textdaten. Um eine optimale Übereinstimmung zwischen den beiden zu erzielen, muss man dieses Phänomen, die sogenannte Koartikulation, berücksichtigen. Eine Komponente die solche Zusammenhänge automatisch, regelbasiert erkennt, wurde für das Luxemburgische noch nicht implementiert.

7.2   Entwicklung eines lëtzebuergschen Aligners

Das Ergebnis dieser Arbeit ist ein Aligner für Deutsch, der um die luxemburgischen Sprachphänomene ergänzt ist. Dieser Ansatz löst kurzfristig das Problem der fehlenden Tools, mit den man einen neuen luxemburgischen Korpus aufbauen könnte. Die Architektur dieser Lösung ist jedoch nicht optimal. Die Qualität der Alignierung ist im Durchschnitt gut, kann aber in Einzelfällen, wegen dem Einsatz von HMMs die auf zwei unterschiedlicher Korpora aufgebaut wurden, zu einer suboptimalen Leistung führen.

Eine Lösung wäre ein neuer Aligner, der komplett auf luxemburgischen Daten aufgebaut wäre. Diese Lösung würde die Homogenität der HMMs sichern. Weiterhin könnten diese Daten manuell aligniert werden; dies würde die Genauigkeit eines auf solch präzise alignierten Daten aufgebauten Aligners weiterhin erhöhen.

7.3   Entwicklung eines Sprachkorpus für Lëtzebuergesch

Lëtzebuergesch ist zur Zeit eine der europäischen Sprachen, die noch kein eigenes, offizieles Sprachkorpus besitzen. Ein solches Korpus ist jedoch notwendig, um die Entwicklung lëtzebuergescher Linguistik und Phonetik voranzutreiben. Der Ziel dieser Arbeit war es einen Baustein für die Entwicklung eines solchen Korpus bereitzustellen. Der Entwurf und Entwicklung eines solchen Korpus wäre eine weitere mögliche Herausforderung.

Literatur

[Bel94] BELLMANN, Günter: *Einführung in den Mittelrheinischen Sprachatlas (MRhSA)*. Tübingen : Niemeyer, 1994

[BPR93] BAAYEN, R. H. ; PIEPENBROCK, R. ; RIJN, H. van ; LINGUISTIC DATA CONSORTIUM, UNIVERSITY OF PENNSYLVANIA (Hrsg.): *The CELEX Lexical Database (CDROM)*. Pennsylvania, PA: Linguistic Data Consortium, University of Pennsylvania, 1993

[Bru53] BRUCH, Robert: *Grundlegung einer Geschichte des Luxemburgischen*. Publications littéraires et scientifiques du ministère de l'éducation nationale, 1953. – Luxemburg

[Dra97] DRAXLER, Christoph: *SpeechDat - eine große europäische Telefonsprachdatensammlung*. http://speechdat.phonetik.uni-muenchen.de/speechdat/deliverables/public/SpeechDt.PDF. Version: November 1997. – Vortrag im Rahmen von "Sprache ohne Grenzen" (4.-5.11.97) im Forum der Technik im Deutschen Museum München

[ele07] ELEVEN SANT-PAUL INTERACTIVE (Hrsg.): *6000 Wierder op Lëtzbuergesch*. eleven sant-paul interactive, 2007. http://www.6000wierder.lu

[GDG06] GILLIS, Steven ; DEPOORTER, Griet ; GODDIJN, Simo: *The virtual handbook of the Spoken Dutch Corpus*. http://www.cnts.ua.ac.be/~gillis/pdf.php?pdf=Phonetic%20Transcription2.pdf. Version: 2006

[Gil99] GILLES, Peter: *Dialektausgleich im Lëtzebuergeschen*. Tübingen : Max Niemeyer Verlag, 1999 (Texte und Untersuchungen zum gesprochenen Deutsch, PHONAI 44). – 1–279 S.

[Gil06] GILLES, Peter: *Einführung in die luxemburgische Linguistik I - Phonetik*. http://flshase.uni.lu/ur4el/images/stories/luxLing/einfuehrungphonetik-ws2006-07.pdf. Version: November 2006. – Wintersemester 2006/07

[Gil07] GILLES, Peter: *Einführung in die luxemburgische Linguistik I - Phonologie*. http://wwwde.uni.lu/content/download/7008/123019/file/EinfuehrungPhonologie-WS2006-07.pdf. Version: November 2007. – Wintersemester 2007/08

[Glü05] GLÜCK, Helmut: *Metzler-Lexikon Sprache*. Bd. XXXIV. 3. Auflage. Stuttgart; Weimar : Metzler, 2005. – ISBN 3-476-02056-8

[GS06] GUMM, Heinz-Peter ; SOMMER, Manfred: *Einführung in die Informatik*. 7. Auflage. Oldenbourg Wissenschaftsverlag, 2006. – ISBN 3-486-58115-5

[Int98] THE INTERNATIONAL ORGANIZATION FOR STANDARDIZATION (Hrsg.): *ISO 639-2 Registration Authority – Library of Congress*. The International Organization for Standardization, 1998. http://www.loc.gov/standards/iso639-2/langhome.html

[Koh95] KOHLER, K. J. ; INSTITUT FÜR PHONETIK UND DIGITALE SPRACHVERARBEITUNG (Hrsg.): *The Kiel Corpus of Read Speech (CD-ROM)*. Christian-Albrechts-Universität zu Kiel, D-24098 Kiel: Institut für Phonetik und digitale Sprachverarbeitung, 1995

[Lin07]   THE LINGUISTIC DATA CONSORTIUM (Hrsg.): *The LDC Corpus Catalog*. The Linguistic
           Data Consortium, 9. November 2007. `http://www.ldc.upenn.edu/Catalog/`

[PM03]   POMPINO-MARSCHALL, Bernd: *Einführung in die Phonetik*. 2. Auflage. Walter de Gruyter
           GmbH & Co. KG, 2003

[Rap95]   RAPP, Stefan: Automatic phonemic transcription and linguistic annotation from known
           text with Hidden Markov Models / An Aligner for German. In: *Proceedings of ELSNET
           goes east and IMACS Workshop "Integration of Language and Speech in Academia and
           Industry"*, 1995

[Wel95]   WELLS, John: *Computer-coding the IPA: a proposed extension of SAMPA*. Web document.
           `http://www.phon.ucl.ac.uk/home/sampa/ipasam-x.pdf`. Version: 1995

[YEG+06]   YOUNG, Steve ; EVERMANN, Gunnar ; GALES, Mark ; HAIN, Thomas ; LIU, Xunying A. ;
           MOORE, Gareth ; ODELL, Julian ; OLLASON, Dave ; POVEY, Dan ; VALTCHEV, Valtcho ;
           WOODLAND, Phil ; CAMBRIDGE UNIVERSITY ENGINEERING DEPARTMENT (Hrsg.): *The
           HTK Book*. Version 3.4. Cambridge University Engineering Department, December 2006

Abbildungsverzeichnis

Tabellenverzeichnis

Listingverzeichnis

Anhang

A   Gilles-Korpus: Fragebuch Lëtzebuergesch

1. Eise Bierg ass fofzeg Meter héich.

2. Äre Bierg ass méi héich.

3. D'Still si schwaarz.

4. Mer stellen hien an d'Kummer.

5. Ech géif gär hanne bei der Fënster sëtzen.

6. D'Dir ass zou.

7. Ech muss fir d'éischt de Schlëssel sichen.

8. Stiech en an d'Schlass.

9. Pass op, wann s du mam Spoun Feier méchs.

10. Holz a Kuele sinn am Eemer.

11. D'Stuff ass voll Damp.

12. D'Brout gëtt am Bakuewe gebak.

13. D'Auere gi fir.

14. Den éischte Spigel ass schéin.

15. Bleif stoen, Kléngen.

16. Gell, du riffs, wann s de eppes froe wëlls!

17. D'Meedche soll an der Kichen opraumen. - Do kann et net nee soen.

18. Si soll hier d'Biesem an d'Biischt ginn.

19. Du wäerts d'Nol net fannen.

20. Hatt fënnt honnert Frang.

21. Wann s du kee Luucht hues, da musse mer der liichten.

22. Wat méchs du mat der Forschette?

23. Do danzen d'Mais ëm Dësch erëm.

24. Wat ass mat der Schnëss/Maul?

25. Hie soll mam Won/Auto fueren.

26. Mer mussen de Plou nokucken.

27. Mer mussen déi Pléi nokucken.

28. Do wiisst/nëmmen just Onkraut a Moos.

29. De Buedem ass fiicht.

30. Méindes loosse si de Weess muelen.

31. Bei der Aarbecht (kréie si Duuscht) / goen si duuschtereg

32. De Papp gëtt him Suen.

33. Du hëls de Wäin.

34. Hien huet dräi Glieserchar bruecht.

35. Si leien all ënner der Eech am Schiet.

36. Géi an de Gaart, d'Box vun der Léngt (erof) huelen.

37. Ouni Blieder kann d'Rous net wuessen.

38. Hie läit d'Hee.

39. Huel et vum Bam.

40. D'Sai ramoueren am Stall.

41. Hien däerf hin net schloen.

42. De Schéifer sëfft aus senger / der Fläsch.

43. Wat huet den Uess/Ochs?

44. Si hunn zwou Kéi op der Weed gehat.

45. 't gëtt haut net hell.

46. Wat (fir) e Wieder!

47. De Fuuss huet d'Kallef gebass.

48. Wëlls de hie fidderen?

49. Do flitt e Vull.

50. Hien huet e Raup am Schniewel-

51. De Fräsch - déi Fräschen

52. Do ass eng Seechomes.

53. De Bam ass voller Lais.

54. D'bescht wier, 't géif een den Aascht ofschneiden.

55. E Schräiner brauch Leim, en Hummer an Neel.

56. D'Briet muss De Meeschter bueren.

57. De Maurer (Steemetzer) brauch e Seel.

58. Mer brauchen en Drot aus Koffer.

59. Mer mussen hie gliddeg maachen.

60. Mer kënnen de Schlitt net alleng hiewen.

61. Aus den Hait maachen si Lieder.

62. Si maache Kierf.

63. Eng Nuecht ka ganz schéi laang ginn.

64. 't gesäit een näisch am Reen.

65. 't fänkt bal (geschwënn) u mat schneien.

66. D'Äis ass nach e bësselchen haart.

67. Ech ginn der een neit Kleed an een Hiem.

68. De Schung ass futti.

69. Ech hu geduecht, d'Dicher wieren dréchen.

70. Ass dat déi friem Fra gewiescht (War dat déi friem Fra)?

71. Si ass daf.

72. D'Gei héiert si net.

73. Der sollt ais d'Kleeder bitzen.

74. Hien hat eng Tréin am A, wéi si un engem Hals houng.

75. Den Alen ass gestuerwen.

76. Säi Brudder ass och schonn doud.

77. Wat soll ech da maachen?

78. Elo läit e ganz roueg.

79. Mäin Hals fillt sech ganz rau un.

80. Mäi Schinnbeen ass giel, gréng a blo.

81. All zwee Daume bludden, nodeems d'Dauf mech gebass huet.

82. Mäi Fouss ass voll (mat) Bloderen.

83. D'Zänn hu wéi gedoen.

84. Hie léisst sech säin Zant zéien (rappen).

85. Hie liest (säin) d'Zeitung.

86. D'Kanner spille buerféiss (buerbes).

87. Mäi Kand ass béis.

88. 't huet kee Behuelen (Manieren).

89. Hien huet op der Bühn de Fändel erof gerass.

90. Hues du gepaff?

91. Hie schléit mam Bengel.

92. Si mécht eng Kugel (Boll) aus Leem.

93. Hie leeft iwwert de Mëscht.

94. An der Schoul wëll hien ëmmer nëmme laachen.

95. Hie schléift all Dag bis halwer néng.

96. D'Léierin (D'Joffer) huet hie mat den Ouere gezunn.

97. Si schléit op d'Käpp.

98. Ech gesi Beem.

99. Dat sinn d'Äscht vun der Weid.

100. Dat ass eng Ligen.

101. Ech soen d'Wourecht.

102. Sou eng Dommheet.

103. 't gëtt schlecht Zäiten.

104. Wuer gees du (Wou gees du hin)?

105. Der kommt ëmmer ze spéit!

106. Huet der Hunneg an Ueleg matbruecht?

107. E Stéckelche Seef fir zwielef Frang?

108. Den ësst en Ee ouni Salz a Peffer.

109. Dat waren zéng Pond Botter.

110. Ech soll hëllefen, den Deeg réieren.

111. Kanns du e Krees op de Pabeier molen?

112. Mer hunn de Bréif an d'Buch geliest.

113. Ech si frou, dass mer ais treffen.

114. D'Woch huet siwen Deeg.

115. Dat war ee schéint Fest.

116. Déi aarm Leit.

117. D'Odere si rout.

118. Him deet d'Stir an d'Schëller wéi.

B   Die Perl-Funktionssammlung ConversionLibrary.pm

ConversionLibrary iste eine Sammlung von Funktionen für die Programmiersprache Perl, mit den die Verarbeitung von Lexika und die Erstellung von phonetischen Annotationen automatisiert wurde. Es werden aus Platzgründen nur die relevantesten, im Text erwähnten Funktionen aufgelistet.

Listing 2: Quellcode der Perl-Hilfsfunktionen

```perl
#Zuordnung von lëtzebuergeschen Phonemen zu ihren deutschen Alternativen
my %lb2de;
$lb2de{"a\~"} = "aU"; $lb2de{"o\~"} = "OU"; $lb2de{"e\~"} = "EU";
$lb2de{"{'U"} = "aU";$lb2de{"a'U"} = "aU"; $lb2de{"\{'i"} = "aI";
$lb2de{"a'i"} = "aI"; $lb2de{"ou"} = "OU";$lb2de{"\@u"} = "\@U";
$lb2de{"ei"} = "Ej"; $lb2de{"\@i"} = "Ej"; $lb2de{"u\@"} = "U\@";
$lb2de{"i\@"} = "j\@"; $lb2de{"\{:"} = "a:"; $lb2de{"\{"} = "a";
$lb2de{"z\\\\"} = "Z"; $lb2de{"s\\\\"} = "S"; $lb2de{"\{"} = "a";
$lb2de{"8"} = "\@"; $lb2de{"u\\b"} = "U"; $lb2de{"G"} = "Z";
$lb2de{"w"} = "U"; $lb2de{"e\\b"} = "e:"; $lb2de{"i\\b"} = "i:";
$lb2de{"A\\b"} = "a"; $lb2de{"o\\b"} = "O"; $lb2de{"AI"} = "aI";
$lb2de{"AU"} = "aU"; $lb2de{"o\@"} = "O\@"; $lb2de{"e\@"} = "e:\@";
$lb2de{"8:"} = "2:"; $lb2de{"O\~"} = "OU"; $lb2de{"O\:"} = "o:";
$lb2de{"i\\w"} = "i:"; $lb2de{"A\\w"} = "a"; $lb2de{"o\\w"} = "O";
$lb2de{"e\\w"} = "e:"; $lb2de{"u\\w"} = "U"; $lb2de{"O\:"} = "o:";
$lb2de{"U\:"} = "u:"; $lb2de{"\:\:"} = ":";


#Deutsche phonetische Annotation auf syntaktische Korrektheit überprüfen
 sub check_german_phones {
    my $word = $_[0];
    print("Checking $word\n");
    $word =~ s/\]//g; $word =~ s/\[//g;
    my $word_length  = length($word);
    my $alarm = 0;
    while ($alarm == 0 and length($word) > 0) {
        my $tempword =chomp_german_phoneme($word);
        if ($tempword eq $word) {
            $alarm = 1;
        }
        $word = $tempword;
    }
    if ($word eq "") {
        return 1;
    }
    else {
        print("Incorrect phonetic pronunciation at $word\n");
        return 0;
    }
}


#Eine orthographische Transkription einlesen, einzelne Wörter im phonetischen Lexikon
    nachschauen und eine phonetische Tranksription erstellen
sub orthographic2phonetic_txt{
    my $lexicon_reference = $_[0];
    my $extension = $_[1];
    my @transcription_list = <*.orthographic>;
    foreach my $current_transcription_file (@transcription_list) {
```

```perl
    open FILE, "<", $current_transcription_file;
    my @file_contents = <FILE>;
    my $transcription = $file_contents[0];
    $transcription =normalize_sentence($transcription);
    chomp($transcription);
    close FILE;
    my @line = split(/ /, $transcription);
    my @newfilename = split(/\./, $current_transcription_file);
    my $phonetic_filename = $newfilename[0] . "." . $extension . ".txt";
    open NEWFILE, ">$phonetic_filename";
    foreach my $word (@line) {
        printf NEWFILE ${$lexicon_reference}{$word} . "␣";
    }
    close NEWFILE;
    }
    return 1;
}


#Konvertierung einzelner phonetischer Annotationen Lëtzebuergesch -> Deutsch
sub entry_lb2de {
    my $lex_entry = $_[0];
    $lex_entry=~ s/\[//; $lex_entry=~ s/\]//;
    foreach my $replacer (@lborder) {
        if($replacer=~m/\\b/) {
            my $internalreplacer = $replacer;
            $internalreplacer=~s/\\b//;
            if ((substr $lex_entry, -1) eq $internalreplacer) {
                $lex_entry = (substr $lex_entry, 0, (length($lex_entry)-1)) . $lb2de{
                    $replacer};
            }
        }
        else {
            my $internalreplacer=$replacer;
            while ($lex_entry =~ m/$internalreplacer/g) {
                if($replacer=~m/\\w/) {
                    $internalreplacer=~ s/\\w//;
                }
                $lex_entry =~ s/$internalreplacer/$lb2de{$replacer}/g;
                if($replacer=~m/\\w/) {
                    $internalreplacer=$replacer . "\\w";
                }
            }
        }
    }
    $lex_entry=~ s/\:\:/\:/;
    $lex_entry = "\[" . $lex_entry . "\]" ;
    return $lex_entry;
}


#Lëtzebuergesches phonetisches Lexikon in eine Deutsche Version konvertieren
sub lexicon_lb2de {
    while((my $lkey, my $lvalue) = each(%{$_[0]})) {
        my $newvalue = entry_lb2de($lvalue);
        $ { $_[0]} { $lkey } = $newvalue;
    }
```

```
}

#Deutsche und lëtzebuergesche Zeitstempel einlesen, vergleichen, eine CSV-Datei mit
    Statistiken ausgeben.
sub compare_symbolic_phones {
    my $return_string="";
    my $lb_hash_ref = $_[0]; my $de_hash_ref = $_[1];
    if (keys(%{$de_hash_ref}) = keys(%{$lb_hash_ref})) {
        my @de_keys = sort keys %{$de_hash_ref};
        my @lb_keys = sort keys %{$lb_hash_ref};
        my $temp_de_time =""; my $temp_lb_time =""; my $temp_de_phon =""; my
            $temp_lb_phon ="";
        open NEWFILE, ">>stats.csv";
        for (my $count = 0; $count < @lb_keys; $count++) {
            $temp_de_phon = ${$de_hash_ref}{$de_keys[$count]};
            $temp_lb_phon = ${$lb_hash_ref}{$lb_keys[$count]};
            $temp_de_time =$de_keys[$count];
            $temp_lb_time =$lb_keys[$count];
            if (! ($temp_de_phon eq $temp_lb_phon)) {
                my $difference = $lb_keys[$count] - $de_keys[$count];
                $return_string = $return_string . "$temp_de_phon$temp_lb_phon;
                    $temp_de_time;$temp_lb_time;$difference;EOF;";
                $temp_de_time=~ s/\./\,/;
                $temp_lb_time=~ s/\./\,/;
                $difference=~ s/\./\,/;
                printf NEWFILE "$temp_de_phon;$temp_lb_phon;$temp_de_time;
                    $temp_lb_time;$difference\n";
            }
        }
        close NEWFILE;
    }
    return $return_string;
}


#Eine deutsche X-Waves-Datei sowie eine lëtzebuergesche phonetische Annotation
    einlesen, vergleichen und eine lëtzebuergesche X-Waves-Datei erstellen
sub compare_symbolic {
    my $lb_file = $_[0]; my $de_file = $_[1];
    my %de_hash = phones_xwaves2symbolic($de_file);
    my %new_hash;
    my $reference = \%de_hash;
    shorten_phones($reference);
    my @lb_array = lblu2symbolic($lb_file);
    my $de_zaehler = 0;
    my $lb_size = @lb_array;
    my $total_zaehler = 0;
    foreach my $lkey (sort keys %de_hash) {
        my $lvalue = $de_hash{$lkey};
        if (not ($de_hash{$lkey}=~ m/_p/ )) {
            $new_hash{$lkey} = $lb_array[$de_zaehler];
            $de_zaehler = $de_zaehler + 1;
            $total_zaehler = $total_zaehler + 1;
        }
        else {
        $new_hash{$lkey} = $lvalue;
```

```perl
            $total_zaehler = $total_zaehler + 1;
            }
    }
    foreach my $bkey (sort keys %de_hash) {
        if ($new_hash{$bkey} eq "") {
            exit;
        }
    }
    my $size_de =keys( %de_hash ); my $size_lb =keys( %new_hash );
    if (not($size_de == $size_lb)) {
        print("Error in file $lb_file. Anzahl DE Phoneme= $size_de, Anzahl LB Phoneme
             = $size_lb\n");
        return 0;
    }
    my @line = split(/\./, $lb_file);
    my $new_filename = $line[0] . ".phonetic.lb-LU";
    open NEWFILE, ">$new_filename";
    printf NEWFILE "\#\n";
    foreach my $gkey (sort keys %new_hash) {
        my $gvalue = $new_hash{$gkey};
        printf NEWFILE "$gkey 121 $gvalue\n";
    }
    close NEWFILE;
    return 1;
}


#Sonderzeichen aus einer orthographischen Transkription entfernen
sub normalize_sentence {
    my $sentence = $_[0];
    $sentence =~ s/\x0d//; $sentence =~ s/\.//; $sentence =~ s/\,/ /;
    $sentence =~ s/\!//; $sentence =~ s/\?//; $sentence =~ s/  / /;
    return $sentence;
}


#Eine phonetische Annotation im X-Waves-Format einlesen und als Hash im Foramt
    Zeitstempel:Phonem zurückliefern
sub phones_xwaves2symbolic{
    my $phones_file =  $_[0];
    open FILE, "<", "$phones_file";
    my @file_contents = <FILE>;
    close FILE;
    my %contents;
    foreach $line (@file_contents) {
        if ($line=~m/121/) {
            chomp($line);
            @line_contents = split(/ 121 /, $line);
            $contents{$line_contents[0]}=$line_contents[1];
        }
    }
    return %contents;
}
```

Der Autor

Diplom-Linguist Syxtus Gaal hat ein Studium der Computerlinguistik und Informatik an der Universität Stuttgart abgeschlossen. Sein Studium war auf die Bereiche Phonetik, Spracherkennung und Sprachsynthese, sowie Architektur großer Anwendungssysteme fokussiert. Diese Ausbildung wurde durch einen Aufenthalt an der Trinity College in Dublin erweitert. Während des Studiums war er in die Entwicklung des ersten kommerziellen Spracherkenners für das Lëtzebuergesche involviert.

Heute arbeitet Syxtus Gaal als Berater für Sprachtechnologien im Kundenservice. Er hilft führenden Unternehmen aus den Bereichen Versicherung, Telekommunikation, Finanzen und Einzelhandel, ihre Kundenbetreuung durch den gezielten Einsatz von Sprachtechnologien zu erweitern und zu optimieren.

www.ingramcontent.com/pod-product-compliance
Lightning Source LLC
LaVergne TN
LVHW080119070326
832902LV00015B/2674